图书馆员培训丛书

图书馆员论文撰写与投稿指南

《中国图书馆学报》编辑部　编

国家图书馆出版社

图书在版编目（CIP）数据

图书馆员论文撰写与投稿指南 /《中国图书馆学报》编辑部编. -- 北京 : 国家图书馆出版社, 2018.9（2025.11 重印）
（图书馆员培训丛书）
ISBN 978-7-5013-6560-9

Ⅰ.①图… Ⅱ.①中… Ⅲ.①图书馆学－论文－写作－指南 Ⅳ.①G250.1-62

中国版本图书馆 CIP 数据核字（2018）第 202484 号

书　　名　**图书馆员论文撰写与投稿指南**
　　　　　TUSHUGUAN LUNWEN ZHUANXIE YU TOUGAO ZHINAN
著　　者　《中国图书馆学报》编辑部　编
责任编辑　邓咏秋　张　颀
整体设计　得铭文化＋邢毅

出版发行　国家图书馆出版社（北京市西城区文津街 7 号　100034）
　　　　　（原书目文献出版社　北京图书馆出版社）
　　　　　010-66114536　63802249　nlcpress@nlc.cn（邮购）
网　　址　http://www.nlcpress.com
排　　版　北京旅教文化传播有限公司
印　　装　北京建宏印刷有限公司
版次印次　2018 年 9 月第 1 版　2025 年 11 月第 4 次印刷

开　　本　710mm×1000mm　1/16
印　　张　13.5
字　　数　140 千字
书　　号　ISBN 978-7-5013-6560-9
定　　价　58.00 元

《图书馆员论文撰写与投稿指南》
编委会

策划人

卓连营(《中国图书馆学报》原常务副主编)

撰稿人

肖红凌(《图书馆建设》常务副主编)

刘　洪(《图书馆论坛》副主编)

王宗义(《图书馆杂志》原常务副主编)

吴澍时(《中国图书馆学报》副主编)

王景发(《图书与情报》副主编)

魏志鹏(《图书与情报》常务副主编)

编纂说明

图书馆员是图书馆事业发展的基石。图书馆员在长期的实践工作中积累了丰富的经验，这些既是事业发展的宝贵财富，也是图书馆学研究的基础和源泉。

实践经验转化为科研成果，进而促进事业的进步，取决于图书馆员的学术素养和学术水平。馆员的学术水平，除了高等教育的培养外，更重要的是在学术研究的实践中锻炼和提升。

如何提高图书馆员的学术素养和学术水平，把他们的实践工作经验转化为学术研究成果，在图书馆学期刊上刊登并广泛传播，一直是中国图书馆学会编译出版委员会图书馆学期刊与年鉴编辑出版专业委员会关注的问题。

《中国图书馆学报》编辑部系图书馆学期刊与年鉴编辑出版专业委员会的主任委员单位。2016年，新一届专业委员会成立，《中国图书馆学报》常务副主编、专业委员会主任卓连营策划了“图书馆员论文撰写与投稿”开放论坛，在同年10月中国图书馆年会（安徽铜陵）期间，作为分会场举办。论坛面向图书馆员，介绍图书馆学术论文的选题、研究方法和写作方法、语言运用、写作规范，以及如何提高文章的整体质量并成功投稿等五部分内容。

会后，各主讲人在报告的基础上撰写书稿，《中国图书馆学报》编辑部汇集各方意见，反馈给撰稿人，反复研讨修改细化，并补充实例，最终汇成本书，希望对图书馆员论文写作与成功投稿有所裨益。

《中国图书馆学报》编辑部

2018 年 2 月

目　　录

写什么

——论文选题分析

肖红凌

肖红凌

1　选题的内涵、原则及方法

所谓选题，就是要确定研究的方向、范围、对象或探讨的主要问题[1]。选题是科研工作的第一步，也是最重要的影响因素之一，对后续的研究活动及其研究成果的价值具有决定性的作用。

好的开始是成功的一半，一个好的选题往往是科学研究取得创新性成果的关键。了解和遵循一定的原则是做好选题的重要保证。图书馆与情报学研究的选题必须遵从一定的原则。

1.1　原则

1.1.1　价值原则

选题时首先要对其价值有一定的

评估和判断，确定有价值，才有必要去研究和写作。如果选题毫无价值，即使花了很多的功夫，文章的结构和语言组织都不错，也不会有好的效果和作用[2]。

图书馆与情报学研究的选题应从图书馆与情报学研究的现状及图书情报事业发展的要求出发，关注图书情报事业发展的重大理论问题和现实问题，要具有现实意义与学术意义。也就是说，选题要具有社会实用价值或学术理论价值。

社会实用价值是指选题对社会的有益性及实用性。选题应关注与图书馆学、情报学密切相关的问题，特别是业界期待解决或有疑虑需要进行理论探讨和解答的问题。选题的实用价值要兼顾目前与长远，有些研究选题在短期内实用性并不显著，但是有着潜在的巨大应用价值，应该予以关注，提出见解，探讨解决问题的方法，这就是有意义、有社会实用价值的论题。

学术理论价值是指某些选题表面看来没有什么现实意义，不能对现实工作起到直接的推动作用，却能对某一方向的研究起到较大的推动作用，体现学术意义。选题时要考虑能否进行理论的分析和综合，能否给人以思想上的启迪和实际操作上的指导。

例如《数字人文研究演化路径与热点领域分析》这一选题，在对数字人文研究文献进行统计分析和内容挖掘的基础上，分析数字人文研究的前沿和热点领域，明确演化路径和发展趋势，既有社会实用价值，也具有学术推动作用。

相反的，《××大学图书馆微信实践与创新》，只是对个体的某种实践活动的介绍，无论从社会实用价值角度，还是学术理论价值角度看，这种选题都意义不大。

1.1.2 科学性原则

科研工作必须以科学理论作指导，以客观事实为依据，建立在科学的世界观和方法论基础上[3]。一方面，研究者从选题开始，就要以认真踏实的态度尽量全面掌握研究进展，分析原有理论的缺陷，保证自己研究工作的起点是可靠的，目标是科学的，这样，选题研究下去才能有所收获。另一方面，学术论文必须强调有理论基础作为支撑，用一定的理论指导分析研究过程。这种理论支撑往往直接反映出学术论文选题本身的理论价值。没有正确的理论基础，没有理论指导下的科学分析与论证，即使作者看准了所要研究的“问题”，也无法凝练出逻辑严密的科学选题，更谈不上写出优秀的学术论文[4]。诸多历史事实已经证明，任何违背科学原理的选题，不论如何下功夫，终将徒劳无功。在我国图书馆与情报学近一个世纪的发展历程中，生硬套用其他学科的理论或公式阐释图书馆与情报学问题或现象，盲目照搬西方图书馆学、情报学理论等情况时有发生，这些看似热闹时髦的研究并不科学，终究都没有深入进行下去。

例如，《图书馆发展规划的效用问题》这一选题，针对目前存在的图书馆规划缺乏思想性、前瞻性，尚未找到现代科学技术与图书馆业务的结合点，规划体系不够规范等问题，探讨科学有效地制订、实施、评价图书馆规划的相关措施。选题彰显了科学性原则。

相反的，《从中西图书馆管理思想的差异看图书馆的发展》这一选题，只是单纯地认为中国图书馆事业与西方图书馆事业在发展阶段、管理方式及协作思想等方面存在着较大的差异，而没有客观地分析导致差异的深层原因，并结合我国国情指出图书馆的发展路径，选题偏离了科学性原则，研究的可信度有待商榷。

1.1.3 新颖性原则

创新是学术研究的生命和根本特点。当旧理论无法合理解释我们面临的问题时,就会为新的理论所取代。这一修改和创新过程循环往复,才使科学不断发展。图书馆学、情报学研究的选题要有新意、有特色,即表现自己的新看法、新观点。一个新颖的角度能给文章增色不少,能够引起读者的兴趣和共鸣,能够丰富图书馆学、情报学研究的内容。有了较新颖的观点,文章就有了灵魂,有了存在的价值。因此,论文的选题要着意求新。那怎样的选题才算有新意呢?这主要表现在两个方面:一是选题要有一定难度,要有利于挖掘作者的潜力,发挥其创造精神。这就要求作者要有严肃的科学态度和高度的责任感。二是要在前人的基础上有所突破,要了解本学科、本专业的研究历史,要掌握本学科、本专业的研究动态,提出自己独到的见解[5]。研究者不应低水平重复别人已经取得成果的研究,以减少研究的无效性。学术论文选题不断创新,学术研究才能繁荣,科学才会充满活力[3]。

例如,《图书馆转型及其风险前瞻》这一选题,面对社会信息环境的变化给图书馆发展带来的新机遇与新挑战,作者敏锐意识到转型发展已经成为全球图书馆的共同趋势,将图书馆转型风险归纳为投资、运营、技术、政策和价值五个方面,建议通过环境前瞻、优化治理、业务创新、制度建设等措施迁移与规避图书馆转型过程中的风险,以协同推动我国图书馆事业的创新与可持续发展。选题具有新颖性。

相反的,《谈数字化时代图书馆的创新发展》之类的选题,虽然名为创新,但是过于空泛,其研究很难体现出新颖性。

1.1.4 兴趣原则

"兴趣是最好的老师"，选题时一般要根据自己的特长和兴趣。这种兴趣就是发现科学问题、探求科学规律的兴趣，它可以激发研究者的写作冲动。内在的动力和高昂的情绪可以激发研究的热情，调动研究主动性和积极性，而且还可以焕发出潜在的创造力。有了兴趣，往往能知难而进，以苦为乐，能够以专心、细心、恒心和耐心的积极态度去完成。因此，根据自己的兴趣选择适合的课题，能够催生研究者的研究和创作冲动[6]。研究人员要结合业务专长，选择那些对自己最有吸引力的、最拿手的、最能发挥自己业务专长的专题进行研究。图书馆学专家们一般都有比较稳定的研究方向，长期坚持不懈开展研究。一些有研究能力的图书馆员，也根据自己的兴趣进行选题，并有所建树。如白君礼先生多年来坚持基础理论研究，成果颇丰；段小虎先生近年来坚持贫困地区图书馆的研究，在界内产生较大影响。他们无不是选择了感兴趣的选题，才能常年坚持研究并有所收获。

1.1.5 可行性原则

撰写学术论文是一种创造性劳动，对必备的基础理论、学识、文化素养和写作能力，以及足够的文献资料等等都有一定的要求。根据自己的能力，在可行性评估的基础上选择胜任的论题，是研究者要注意的问题。在选择和确立选题时，必须考虑主观和客观两方面的条件因素，量力而行[1]。既要考虑是否有充足的资料来源，又要考虑自己的研究能力和写作水平，选题应与自己分析和解决问题的能力及写作经验相适应。此外，还要考虑是否具备辅助条件，即是否具备研究、创作的手段和设施，有无足够的创作时间和经费等。如果客观条件不具备,缺乏可操作性,选题再好也无法完成。

例如,在创客空间研究炙手可热的情况下,《图书馆“创客空间”热中的冷思考》提供新的视角,使大家可以清醒地看待创客空间的发展。对于这一选题,作者必须具备较强的研究能力和表达能力,在全面掌握相关研究与实践的基础上开展研究,才能取得有一定影响力的研究成果。

而笔者曾经接触过的一位作者,确定的《国外数字阅读推广研究》这一选题,本具有较好的社会实用意义,但是作者对国外的数字阅读推广情况不甚明了,几经修改,依然无法做出有体系、有深度的分析、归纳和研究,最后只能选择放弃对该选题的研究。

1.1.6 发展原则

科学发展的过程,就是不断积累、继承和延伸的过程。选题也要注意选择有发展潜力、前景广阔、有利于展开的选题。伴随研究的深化,一个选题完成之后,会引出一连串新的选题,逐步向某个方向拓展,最后甚至会形成全新的研究体系。如果选择难以延伸或目前尚无条件深化发展的“一次性”选题,不仅完成的难度大,即使勉强完成,之后研究者将重新面临选题的问题。注重科学发展,既指承继、发展前人成果,又指当前所选课题有利于今后进一步拓展[1]。这类课题的前期研究是后期研究的基础,后期则是前面工作的延续。犹如处于一个整体性研究的不同阶段,能衍生出许多分支课题,同时节省了重新选题、论证的时间,有利于多出成果、多出优秀成果。

例如,张立彬先生确定 MOOC 这一选题,其本人及研究团队近年来陆续发表了一系列的相关成果,包括《图书馆参与 MOOC 服务的新举措及其对策分析》《版权援助顾问:MOOC 环境下图书馆的新角色》

《慕课环境中图书馆版权服务的内容与思考》《国内图书馆 MOOC 相关问题研究:内容、特征与展望》《图书馆 MOOC 服务审思:价值基础、功能重构与路径选择》《国内外图书馆 MOOC 版权服务研究综述》,收获颇丰。

1.2 方法

要进行研究,只了解选题原则还不够,还需要了解和掌握选题方法。以下 9 种方法[7]不失为有效的选题法。

1.2.1 需求选题法

图书馆学、情报学属于应用科学,实践及社会发展需要是图书馆学、情报学研究选题关注的主要方面。这种存在于学科研究外部的"非科学"因素对学科的发展起着强大的制约、控制作用。当学科研究发展滞后于社会需要时,我们要善于从中抓取研究选题。具体说来,就是:①从应用研究中进行理论探索。科学发展是无止境的,当一门学科经历了发生、发展、成熟的历程后,又会暴露出旧原理无法解决的新问题。对问题进行大量的研究、论证,就可能获得新的研究成果,指导或推动实践的发展。②运用基础理论进行应用研究。选择实践中具有研究价值的问题,运用成熟的基础理论和科学的研究方法进行研究,往往可以产生很多学术成果。

1.2.2 理论与实践结合选题法

理论与实践是相互作用、相互依存的关系。尽管有些理论研究主要借助于思维科学,其成果在一定时期内超越实践,被称为"纯理论",但是,即使是"纯理论"研究,也只是超越了当前实践所能提供的认识,一旦客观条件具备,其所揭示的规律终将服务于实践。若将研究的视点定位于理论与实践间发生矛盾、出现空白断点的地方,往往能够得到有价值的成果。目前的图书馆学、情报学发展中,也存在理论与实践间的矛盾及断点,有待发现研究。

1.2.3 经验选题法

我们选择科研课题进行研究,无外乎会有如下几种结果:其一,大获成功;其二,取得一般性成果;其三,久攻不下,进展迟缓;其四,终至失败。第一种结果是我们最希望得到的,但是由于认识的局限性,科研与选题常常会经历曲折甚至失败。善于从失败中寻求有益的借鉴和启示,在反复总结经验的基础上确立适宜的主攻选题方向,终会有所突破。选题时在总结以往经验的基础上,适当变换思路,会增加成功的几率。

1.2.4 继承选题法

任何一项研究成果,即使是独创性的重大发现,也无法依靠研究者个人的异想天开而突然成功。一切深刻的学术见解、高深的理论,都是研究者在对前人知识遗产继承的基础上所做的发展和超越。选题时,要通过查阅、评估、分析相关文献和信息,认真梳理研究前人的成果,找出以往研究中的谬误之处、不足之处、矛盾之处以及方法不当之处,抓住尚未有人涉足的空白点,引发新的选题设想。

1.2.5 矛盾剖析法

每门学科都是相对独立的知识体系,有自身的矛盾运动规律。当某一学科现有理论体系不够完善,暴露出无法克服的缺陷时,研究课题也就摆在了研究者面前:①通过分析已有理论、观点与新事实间的矛盾抓选题。②从原有理论系统自身所暴露的矛盾中选题。③从不同观点、流派间的矛盾入手,选择课题。对于同一研究客体,研究主体由于认识及思想方法存在差异,会形成不同观点、流派。相异的学术见解存在，表明各学派都不是无懈可击的，各有其缺陷及片面之处。认真分析矛盾产生的根源，提出问题并正确地解决，是选题的有效途径之一。

1.2.6 交叉领域选题法

以认识世界为特征的科学虽然被分成许多单独的学科门类，但由于科学整体的内在统一性，各学科间形成了许多交叉领域。这些领域往往易为双方所忽略，而许多有待研究的课题恰恰积存于此。随着社会的发展，图书馆学、情报学与计算机、数学、教育学、文学、心理学等很多学科都存在交叉关系，有相关背景或者感兴趣的研究者，可以从中发现选题。具体来说，图书馆学、情报学研究选题可以从以下几方面入手：①在图书馆学、情报学与其他学科交叉、边缘地带寻找课题。②用其他学科的理论和方法，研究图书馆学、情报学的某一问题，建立起新的交叉学科。③运用多学科理论和方法研究图书情报界某一特定客体，建立综合性学科。④在自然科学与社会科学的结合点上寻找课题。⑤将数理理论和计算机技术、网络技术运用于图书馆学、情报学，开创新方法，找寻新课题。

1.2.7 热点（难点）选题法

在每个时期、每个阶段，各个学科领域中都有相对较热和较难的课题，图书馆学、情报学研究也不例外。热点、难点课题多属于实践或理论研究中颇具现实性的问题，容易博得关注，资料丰富、新意强，因此热点选题法是大家都乐于采用的，对学界集中力量解决重大问题也有益处。在热点、难点问题中捕捉选题，要求研究者及时而广泛地关注并阅读热点选题研究成果，搜集的信息资料要有丰富性、宽广性以及及时性；要了解不同研究领域的最新进展及研究热点、重点和难点，对有关方面的问题弄清楚别人写过或没写过什么，有些什么论点，研究的深度如何，有何争论及分歧的焦点，热点是什么，熟悉当前国内外对某个问题研究的进展情况及发展趋势等相关情况。从而抓住信息的准确性和时效性，从最新信息渠道和学科发展前沿中进行热点（难点）选题。

1.2.8 冷门选题法

在学术研究中要做个有心人，关注那些知识空白点，寻找“冷门”。从他人忽略的地方入手，选取暂时未被重视的课题，往往会有意外的收获。有些课题虽已不乏“前人”研究，但只要选择的角度新、方法新，或见解上有所超越，能对前面研究中的谬误予以纠正，提出质疑，就是可贵的和有创见的。“学林探路贵涉远，无人迹处有奇观”。但是，需要指出的是，选择“冷门”选题虽然可以出奇制胜，然而正因其“冷”，可供参考的资料相对比较少，而困难多，因此，需要研究者具备超乎常人的毅力和足够的心理承受力。

1.2.9 灵感选题法

灵感就是在读书、思考甚至是休息时突然冒出来的某个念头、想法。艺术创作领域比较重视灵感，其实在学术研究中也同样存在灵感。灵感是自然的、本真的、纯粹发自内心的，是人的本能感受在刹那之间的综合。它看似突如其来，其实还是以研究者长期的积累、思考做基础。当然，学术研究是有深度、有系统的理性思维，仅仅靠灵感是不够的，但是把灵感放过去也很可惜。妥当的方法是：紧紧抓住“我何以会有这样的感受”这一点，以此为起点，把问题发散或延伸，进而形成一个系统的观点。这样的努力常常会有效。此外，灵感的产生还需要主观的努力。首先，要加大信息的存贮量。研究者头脑中具有的相关信息越多,则它们间相互作用、碰撞后产生“火花”的机会及数量也相应增多。其次,要加大信息间相互作用的频率与力度。信息间的作用需要以信息的运动为前提,若信息点间缺乏连接的纽带,信息数量再多也毫无意义。研究者必须具有敏锐的感知力,才能在外界信息的刺激下迅速做出反应,及时捕捉突至的灵感。最后,研究者应有强烈的研究欲望、执着的进取心,这些非智力因素对灵感思维也有积极的影响。研究者在突发某些新奇的选题设想时,应该尽可能详细、及时地记载下来,它或许预示着一个有价值的成果。总而言之,研究者应该加强研究的计划性与预见性,不依赖于灵感,同时又注意捕捉灵感,抓好选题。

2　国内图书馆学、情报学研究选题现状

在我国,图书情报界是科研论文产出量比较大的专业领域。究其原因,一方面,与图书情报专业技术人员每天与文献信息打交道,浸润于比较浓厚的学术研究氛围之中有关,另一方面,也与图书情报界主要以专著、学术论文等成果作为职称评定的主要标准有关。图书馆学、情报学作为应用性较强的人文社会科学,与社会的发展热点、新技术应用的不断转型密切相关。在当今整个社会信息技术飞速发展的态势下,图书情报界的研究也呈现同样的态势。那么,图书馆学、情报学研究选题情况如何呢?

为了尽量客观确切地反映我国图书情报界研究的选题情况,笔者首先对2012—2016年间的图书馆学、情报学研究选题进行总体调研分析,之后,再对每一年的研究选题进行分别调研分析,并对相关的选题情况加以对比,希望在掌握总体研究情况的基础上,对研究选题

的逐年变化迁移情况有所了解。

2.1 2012年以来图书馆学、情报学核心期刊登载论文选题统计

中国知网(CNKI)全面收录了在全国影响力较大的图书馆学、情报学期刊,能够比较客观地反映我国图书情报研究的情况。因此,2017年3月5—10日,笔者以CNKI为检索源,以北大核心期刊和CSSCI来源期刊作为检索对象,以关键词为选题分析的主要依据,进行相关的检索和分析。

具体做法如下:在CNKI首页选择“期刊”,进入“高级检索”页面,左侧的“文献分类目录”选择“信息科技—图书情报与数字图书馆”,右侧“检索”的选项中,选择年限设为从“2012”年到“2016”年,来源选择“核心期刊”和“CSSCI”,检索方式选择“精确”,点击“检索”,共获得锁定的图书馆学、情报学期刊5年间发表的学术论文31 681篇。

对检索到的2012—2016年发表在核心期刊和CSSCI来源期刊的图书情报专业学术论文的关键词进行统计分析、合并、去重,删除专指性较差的关键词如图书馆、高校图书馆、公共图书馆、研究热点、影响因素,以及一些只是描述统计方法而非学科主题的关键词如知识图谱、可视化、引文分析等,合并意义几乎相同的关键词(如图书馆服务和读者服务,阅读推广和全民阅读),结果如图1所示。

由图1可知,2012—2016年,数字图书馆、信息服务、阅读推广、大数据、图书馆学是图书情报领域的研究热点,相关选题的研究位列前5位。其中选题“数字图书馆”出现的频次为764,位列第一,远高于位居第二的信息服务,说明最近5年,总体而言,数字图书馆是图书

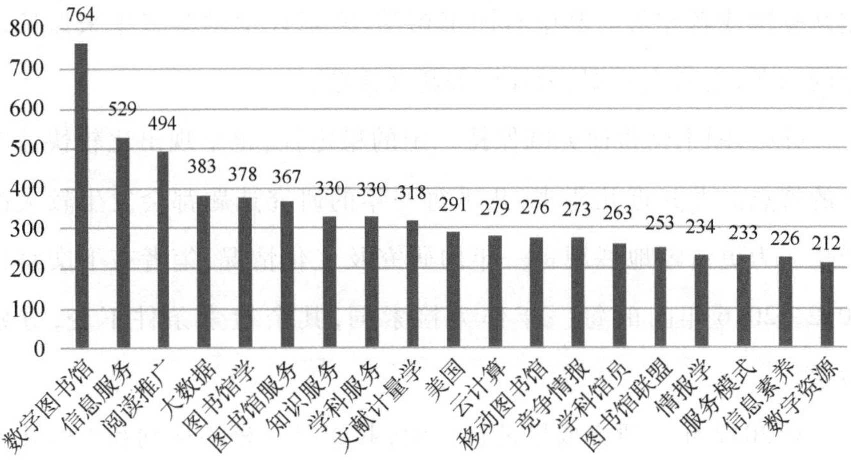

图 1　2012—2016 年图书馆学、情报学研究选题情况

情报研究最热门的选题。排在第 2—3 位的选题是信息服务和阅读推广，出现频次分别为 529 次和 494。信息服务是指图书文献部门通过对信息搜集、处理和研究之后为读者提供的服务。信息服务历来是图书馆的核心业务，因此，相关选题也一直居于图书情报研究的前列，其中很多是一线图书馆员由实践引发的研究，以便为具体运用提供参考和支撑。自 2014 年以来，倡导全民阅读连续多年被写入政府工作报告，阅读推广成为全社会关注的焦点。图书馆作为致力于向全民提供阅读服务的公益事业单位，在努力践行的同时，为更好地推动全民阅读，也积极开展了相关选题的研究，这一选题的研究大有后来居上的趋势。排在第 4—10 位的依次是大数据、图书馆学、图书馆服务、知识服务、学科服务、文献计量学、美国等，各个选题的出现频次从 383 到 291，而云计算、移动图书馆、竞争情报、学科馆员、图书馆联盟、情报学、服务模式、信息素养、数字资源等选题的出现频次也都在 200 以上，从高到低，次第递减数量最多不超过 40 频次，有的只相

差几频次或者相等。其中有图书馆学、文献计量学等多年来保持稳定的选题,也有大数据、云计算等新兴选题。

可见,图书情报研究既保持一定的稳定性,也呈现出比较快速多变的特点。尤其近几年来,几乎每一年的研究选题都会发生较大的变化。为更清晰地展现每一年的研究及变化情况,笔者在下文将以2012—2016年间的每一年作为检索词,其余检索条件不变,分别检索。

对2012年的研究成果进行检索,共获得在核心期刊和CSSCI来源期刊发表的学术论文6593篇,按照2012—2016年检索结果的处理方式,通过清洗(删除、去重和合并),得到排在前10位的关键词分别为:数字图书馆、信息服务、图书馆服务、图书馆学、学科馆员、知识服务、云计算、竞争情报、学科服务、图书馆联盟(见图2)。

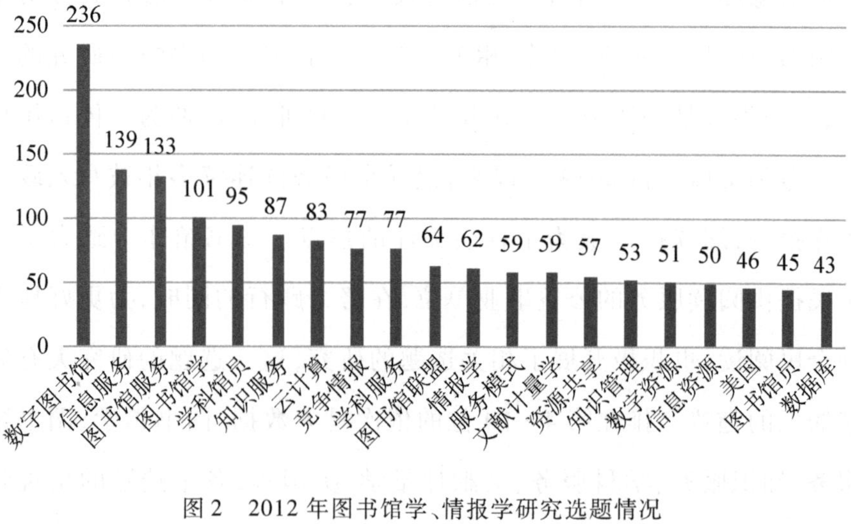

图2 2012年图书馆学、情报学研究选题情况

由图2可知,2012年,数字图书馆这一方面的选题数量远远超出其他选题,而信息服务、图书馆服务、图书馆学、学科馆员、知识服务、

云计算、竞争情报、学科服务等选题的研究频次虽依次递减，但数量相差不多。说明数字图书馆的研究保持了相当高的热度，传统的选题如信息服务、图书馆服务、图书馆学、学科馆员、知识服务、竞争情报、学科服务等的研究一直保持稳定的良好态势，而云计算一经出现，业界同人便敏锐地抓住这一选题，开展相关研究。

对 2013 年的研究成果进行检索，共获得在核心期刊和 CSSCI 来源期刊发表的学术论文 6873 篇文献，研究主题位列前 10 位的依次是数字图书馆、图书馆服务、信息服务、学科服务、知识服务、图书馆学、云计算、图书馆联盟、阅读推广、移动图书馆（见图 3）。

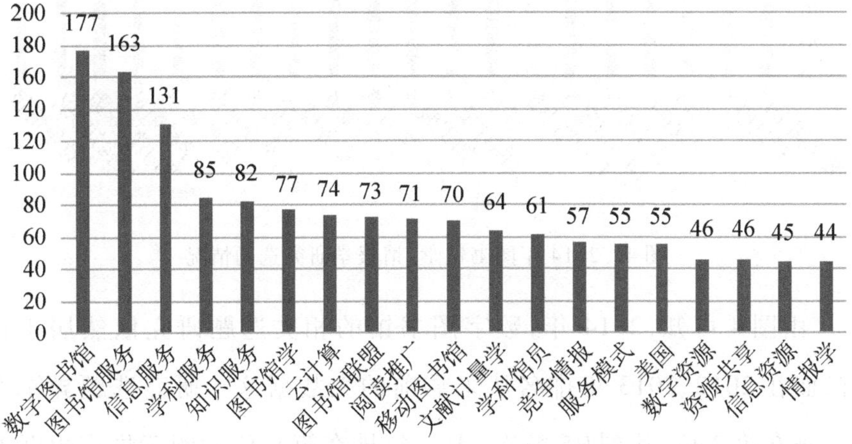

图 3　2013 年图书馆学、情报学研究选题情况

由图 3 可知，2013 年，数字图书馆的相关选题研究依然居于榜首，但是紧随其后的图书馆服务、信息服务选题的频次已经接近数字图书馆，说明图书情报研究选题的重点已经有从单纯的热点概念的炒作转移到图书馆的核心业务——服务的研究上来的趋势。而且，图书馆人在此时已经对阅读推广这一选题给予了较多的关注，相关选

题的研究频次已经进入前10位。

对2014年的研究成果进行检索,共获得在核心期刊和CSSCI来源期刊发表的学术论文6470篇文献,研究主题位列前10位的依次是数字图书馆、信息服务、大数据、阅读推广、图书馆学、图书馆服务、移动图书馆、美国、文献计量学、知识服务(见图4)。

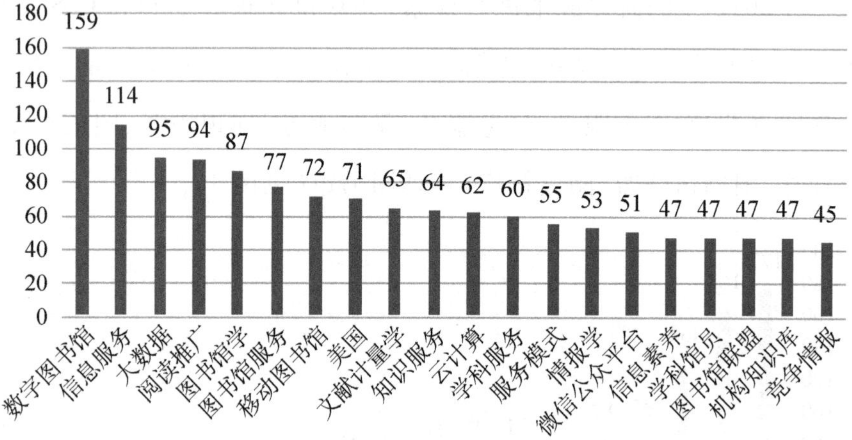

图4　2014年图书馆学、情报学研究选题情况

由图4可知,2014年,数字图书馆的相关选题研究依然居于榜首,而在2012、2013年排名从未靠前的大数据这一研究选题异军突起,排在第3位,达到95频次;上一年排在第9位的阅读推广也跃升至第4位,达94频次。这一方面说明图书情报领域的研究关注新事物、新选题,另一方面,也体现出业界对于阅读推广的重视程度逐年提高。

对2015年的研究成果进行检索,共获得在核心期刊和CSSCI来源期刊发表的学术论文6088篇,研究主题的前10位由高到低依次是阅读推广、数字图书馆、大数据、信息服务、图书馆学、文献计量学、图书馆服务、MOOC、美国、信息素养(见图5)。

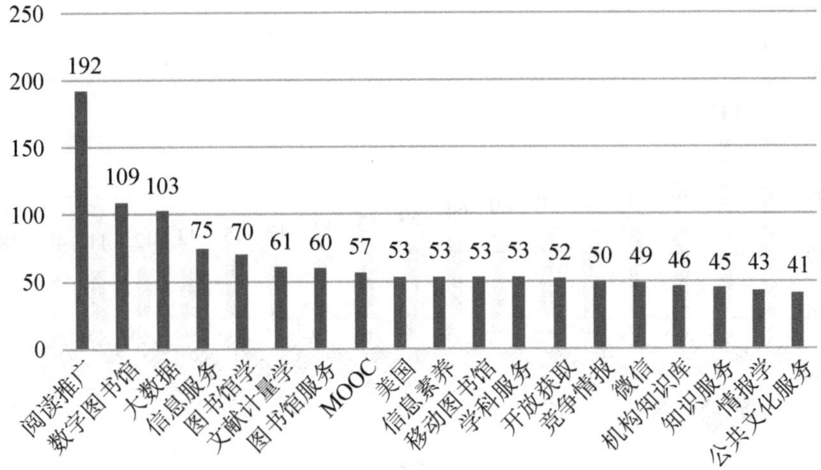

图5　2015年图书馆学、情报学研究选题情况

由图5可知,阅读推广选题的研究在2015年呈井喷之势,超越了数字图书馆,居于榜首,而数字图书馆选题的研究热度不减,位居第2。其他选题的排名与前几年大体一致,MOOC异军突起,成为本年度的新兴研究主题,位居第8。

对2016年的研究成果进行检索,共获得在核心期刊和CSSCI来源期刊发表的学术论文5657篇,研究主题由高到低依次是:阅读推广、大数据、数字图书馆、微信公众平台、图书馆服务、信息服务、文献计量学、美国、信息素养、学科服务(见图6)。

由图6可知,阅读推广、大数据以较高的频次分居第1、2位,而数字图书馆选题较之前出现的高频次回落很多,居于第3位,与第1位阅读推广、第2位大数据选题的研究频次相差较大,与其后的选题微信公众平台、图书馆服务、信息服务、文献计量学、美国、信息素养、学科服务出现频次相差不多。需要指出的是,2016年又出现了互联网

+、创客等比较新颖的选题,排名稍后,分列第12位和第18位。

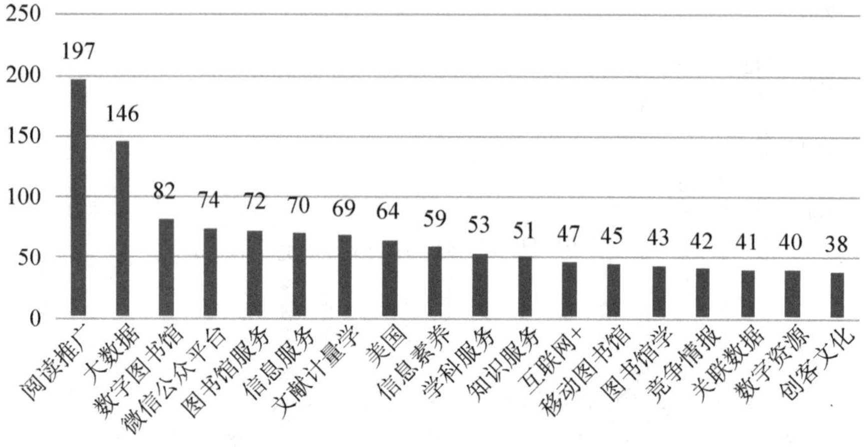

图6　2016年图书馆学、情报学研究选题情况

2.2　2012年以来图书馆学、情报学核心期刊登载论文选题特点分析

2.2.1　选题特色鲜明

由图1—图6可知,2012—2016年,图书情报界持续关注的选题是数字图书馆,其次是信息服务和阅读推广。2012—2014年选题最为集中的是数字图书馆;2015—2016年,阅读推广的相关选题研究取代了数字图书馆的位置,成为最受关注的选题,居于前列的选题都以较大的差距领先于后面的选题,追逐热点的趋势明显。同时可以看到,位居前10位的选题5年来变化不大,诸如数字图书馆、信息服务、阅读推广、图书馆学、图书馆服务、美国、文献计量学等选题,几乎每年都位列排名的前10位,并且,这些选题方向各不相同,呈现出比较鲜明的特色。

2.2.2　选题多元化

由检索结果可以看出,近年来,无论是以5年为区间的检索,还是以1年为区间的检索，位列前4位的选题在研究频次上，尚有略微明显一点的差异，但差异也不是很大；而排在第5位之后的选题的频次差异很小。这说明，目前的图书馆学、情报学研究选题不是很集中，多元化趋势明显。这一趋势的出现，主要缘于图书馆学、情报学研究环境的改变。首先，学科相互交叉与融合带来了研究视角的多重性；其次，读者需求、社会需求的多样性，促使学科内涵与外延的扩展；第三，社会大环境的包容带动了学术环境的优化，使理论研究领域已经没有了理论“一元化”的羁绊。而多种研究体系并存的局面表明研究者各自在尝试理论建构方面卓有成效。

2.2.3 选题范围更加宽泛

近年来，图书馆学、情报学研究的选题主要集中在阅读推广、数字图书馆、微信公众平台、竞争情报、移动图书馆、图书馆员等各个方面，范围宽泛。究其原因，首先，图书馆学是一门应用科学，在科学研究中面临的很多问题是随着社会发展而产生的，与其他社会生活领域有着很广泛和深刻的关联。图书情报领域的研究范围和研究对象发生的根本性变革，给传统的图书馆学、情报学研究带来了新的机遇与挑战。一方面，研究范围与研究对象的拓展，能够使图书馆学、情报学更好地与其他学科融合，产生新的研究点，推动图书馆学、情报学的发展；另一方面，这种变革也必然要求领域内的专家和从业人员针对新的研究领域和问题，提出相应的领域知识和解决方法，探索学科演化规律，从而更好地指导该学科的深入发展。其次，近年来，有相当多非图书馆学专业出身的高学历人才加入图书馆队伍，他们在进行研究时，自觉或不自觉地立足于自身的学科背景，如法律、历史、经济、计算机等，结合图书馆学学科建设或图书馆实践开展学术研究，无形中拓宽了图书馆学的研究范畴。因此，选题范围愈加宽泛。

2.2.4 选题紧抓时代脉搏

图书馆学、情报学与时代的发展和国家的政策导向紧密相连。并且，由于专业的核心是信息资源，而信息与时代和社会的发展紧密相连，这就决定了图书馆学、情报学研究人员对于新事物、新研究方向具有较强的敏感性。

由图2—图6相互比对可知，相较前一年，每一年都会有1—2个新的选题出现在比较靠前的位置。据报道，2006年谷歌推出了"Google 101计划"，并正式提出"云"的概念和理论[8]。2014年被媒体预测为中国云计算元年[9]，而在之前的2012年，云计算这一选题就列于图书馆学、情报学研究选题的前10位中。无独有偶，2014年开始，倡导全民阅读被写入政府工作报告[10]，而从2013年开始，阅读推广的相关选题已经出现在图书馆学、情报学研究选题的前10位中，2014年更是由上一年所排的第9位跃升至第4位。继物联网、云计算之后，大数据成为当前信息技术产业最受关注的概念之一。2015年8月，《国务院关于印发大数据促进发展行动纲要的通知》明确了大数据发展的指导思想、发展目标和发展任务，标志着大数据已经成为重要战略资源，大数据发展将充分享受政策红利。也是在2014年，大数据这一选题出现在图书馆学、情报学研究选题的前10位中。此外，2015年MOOC出现在图书馆学、情报学研究选题的前10位中；2016年微信公众平台出现在图书馆学、情报学研究选题的前10位中，互联网+（位列12，出现47频次）、创客文化（位列18，出现38频次）也陆续出现在图书馆学、情报学研究选题比较靠前的位置。这些选题都是在社会热点或其他学科领域崭露头角甚至刚出现苗头时,图书情报领域即展开了相关的研究,可见,图书情报研究者具有紧抓时代脉搏、捕捉新选题的敏锐意识。

2.2.5 与新技术结合紧密

图书情报工作具有非常明显的实用性、技术性。随着信息化、网络化的飞速发展,新媒体技术的成熟与普及,图书情报工作与新技术的结合也日趋紧密,数字图书馆、微信公众平台、互联网+、竞争情报、移动图书馆、关联数据……层出不穷,这些新技术为图书情报领域的实践工作注入了新鲜的血液,解决了很多问题。随着工作的深入和延展,相应的,图书情报领域关于新技术应用的研究也如火如荼,如通过大数据对读者需求的分析,通过微信公众平台与读者的互动交流实时解答咨询的方式方法研究,移动图书馆对读者提供实时便捷的借阅服务的探索,等等。图书情报领域的实践需要新的信息技术来支持,图书馆学、情报学研究的技术化趋势是必然的,这一点,通过选题统计可见一斑。

2.2.6 以实践活动研究为主

图书馆学、情报学主要研究图书馆及其他相关部门在整个社会知识信息交流中的作用、过程、地位等。作为一门实践性很强的学科,其最终目的是解决图书情报工作实践中的问题。图书馆学、情报学百年的发展历史证明,图书情报实践活动对图书馆学、情报学研究的盛衰起着最直接的作用。建设公共文化服务体系、倡导全民阅读都被列入国家层面的发展规划,加之相关制度的重视与倾斜,极大地促进了我国图书情报事业的发展,而在实践中所遇到的种种困惑和问题,又继而促进了图书馆学、情报学研究的发展与繁荣。与实践相关的选题成为研究者最为关注的，也最具有理论研究和升华的必要。

2.2.7 部分选题有较强的持续性

部分图书馆学、情报学研究选题几年来既没有兴盛起来，也没有萎缩消弭的迹象，始终保持平稳持续的发展态势，其中，既包括数字图书馆、移动图书馆及一些新技术、新媒体的应用等热门选题的持续，也包括本体、关联数据、开放获取、图书馆联盟等小众选题的坚持。这说明有相当一部分研究者不盲目追赶热点，能够根据自身的兴趣和研究方向，跟踪有价值的选题，始终坚持不懈地开展某一选题的研究。这对于图书馆学、情报学研究的发展和成熟，是必不可少的支撑力量。

2.2.8 对国外图书情报工作的研究较多

近年来，对国外一些好的政策和做法进行介绍研究的文章较多，例如，此次针对2012—2016年的图书情报选题调查统计中，"美国"多次排位居于前10位中。比较靠前的原因在于，对国外图书情报工作的研究对于我国图书馆学、情报学研究具有一定的借鉴意义，因此很多研究者对此予以较多的关注。不可否认，图书馆学、情报学属于社会科学的范畴，其学科研究会受到国家、社会制度、文化传统等因素的制约，但研究的基本原理、基本技术和基本方法具有自然属性，是完全可以与世界图书馆学、情报学研究的潮流形成交汇，互相借鉴，互相学习的。但是，建立中国特色的图书馆学、情报学理论体系是时代赋予21世纪中国图书馆人的使命之一，中国图书馆学、情报学既要引进先进的理论，走国际化的发展道路，更要创立本国特色。

3　与图书馆员工作实践相关的选题分析

由上述分析可见,图书情报界的研究选题范围还是有比较大的自由度的。但是,如何选题才能够在投稿中脱颖而出、被录用呢？对于大多数图书馆员而言,还是要结合工作和个人的分析研究能力,落到实处。因篇幅和研究能力有限,本文仅就图书馆学领域的理论研究、资源建设、管理、数字图书馆、阅读推广等选题的现有研究情况进行梳理和举例分析,以资借鉴。

3.1　理论研究

笔者对近 5 年来我国图书馆学领域的理论研究做了调研。以 CNKI 为检索源,在 CNKI 首页选择“期刊”,点击“高级检索”,进入检索页面,左侧的“文献分类目录”中选择“信息科技—图书情报与数字图书馆”,右侧“检索”的选项中,选择年限设为从“2012”年到“2016”年,来源选择“核心期刊”和“CSSCI”,关键词选择“图书馆学研究”,检索方式选择“模糊”,共检索到相关记录 205 条,去除无关论文、会讯、书讯共 35 条,得到相关记录 170 条。可见,近年来业界理论研究相对薄弱,成果较少,分析关键词出现 5 次以上的研究成果,可以看到 2012—2016 年图书馆等理论研究选题的基本情况(见图 7)。

梳理、整合图书馆学研究所涉及的关键词可知,目前关于图书馆学理论研究方面的选题主要包括图书馆学研究、研究方法、研究热点、理论图书馆学、应用图书馆学、方法论、图书馆、概念、问题意识、实证研究、理论研究。

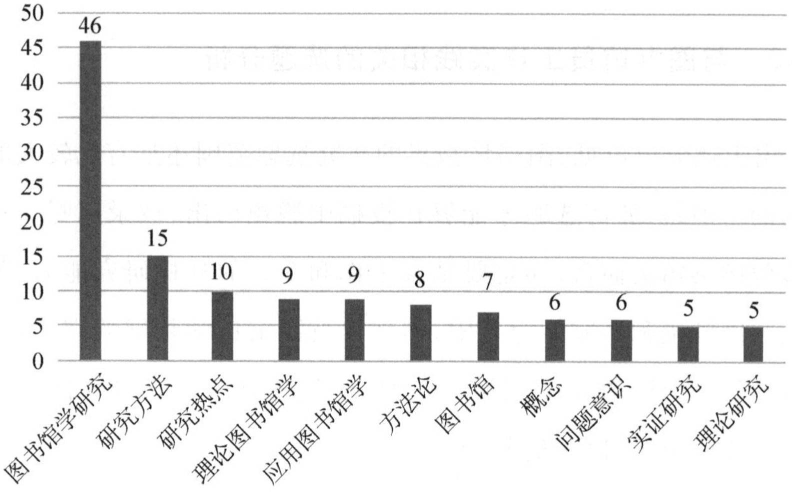

图 7　2012—2016 年图书馆学理论研究选题情况

众所周知,图书馆学理论对图书馆学发展起着指引方向的作用,理论研究决定着图书馆学体系的构建与未来走向。在以知识化和网络化为特征的信息时代,"理论的贫困"是阻碍图书馆学健康发展的根本原因,加强图书馆学理论研究是发展图书馆学的根本。只有加强理论研究,才能发现新问题,总结出社会变革中出现的新理论、新方法。理论研究不仅应该关注本学科发展中一些基本问题的阐述,如图书馆学研究对象、学科结构、理论基础等,而且还应该关注本学科的方法论问题。但目前我国图书馆学基础理论研究力量还比较薄弱,已有的一些研究都还没有形成真正的流派并不断得到发展和完善。而近年来,除了对国外图书馆学理论进行系统的介绍和评价之外,还没有原创性的图书馆学理论出现,没有形成自己的完整体系。这些都在很大程度上阻碍了中国图书馆学理论的发展。

为数不少的人认为,理论研究是专家的事情,图书馆员做不了。实则不然,经常浏览图书馆学、情报学期刊可以发现,目前图书情报界进行理论研究的并非都是专家,若干馆员做理论研究已经有一定的范式。只要对理论研究有兴趣,有扎实的图书馆学理论基础,多学习研究方法、形成思辨式的思维方式,勤于思考工作中和研究中发现的问题,几乎所有的问题都可以作为理论体系中某一方向的分支,开展深入的探讨。

若对中国图书馆学研究和图书馆事业多加关注,就能发现很多研究的空白或是亟待解决的问题,如图书馆史的研究,虽然有些专家一直在做这方面的研究,但仍然还是可以选择一些少有人关注的视角,如技术史、工具史、研究史等进行深入研究。再如,图书馆作为一个社会公益机构,无论从实体建筑、馆藏资源建设,还是流通服务,在各个不同的地域都有着不同的发展渊源和文化特征,这方面的研究可成为图书馆学的一个重要分支学科——地域图书馆学。地域图书馆学将成为中国图书馆学的重要组成部分。随着国家实力的增长,政府对公共文化服务重视程度的提高,以及各行各业、各个民族对文化服务需求的增多,必定要求图书馆服务的逐渐多元化和细化。随着公共文化服务体系建设不断完善,地域图书馆学的研究成果必将产生很强的指导作用。而目前这一选题很少有人涉猎,在 CNKI 上以"地域"和"图书馆"为关键词进行搜索,只能查到两篇文章。一篇是许苗苗发表在《图书馆研究与工作》2016 年第 6 期的《论公共图书馆在弘扬地域文化中的"有所为"》,阐述了图书馆在深化弘扬地域文化中的认知与作为,并根据实践,从史料信息、遗产信息、亮点信息、特色信息 4 个切入点入手,总结了图书馆在深化传承与弘扬地域文化中行之有效的做法和经验。另外一篇是贺龙和张鹏举发表在《城市建筑》2017 年第 7 期的《平实建造—— 一种地域实践的适应性表达》,该文以包括图书馆在内的内蒙古地区建筑的地域实践为例,诠释了诚实的态度以及平常的策略在具体建筑创作中的适应性表达。可见,地域图书馆学研究既有必要,也有很大的空间。

进入新世纪的图书馆面临着全新的信息环境、资源结构和社会需求,研究范畴和实践活动范围大大拓展,新的工作实践期待着新的理论指导和新的研究策略。理论研究大有可为。

3.2 资源建设

笔者对近5年来我国图书馆学领域的资源建设研究做了调研。以CNKI为检索源,关键词选择"资源建设",其他检索设定同前,检索到相关记录603条,经过数据清洗,得到有效数据576条。可见,资源建设类选题的研究热度较高。其原因有二:一方面,资源建设始终是图书馆的基础业务,没有资源,图书馆就是无源之水,因此,资源建设选题比较受关注,相关的研究和讨论层出不穷;另一方面,资源建设是图书馆的一项具体业务工作,对于许多馆员来说,看得见,摸得着,研究容易找到抓手,因此比较热门。

梳理、整合资源建设研究所涉及的关键词,分析关键词出现10次以上的研究成果,可以看到2012—2016年资源建设选题的基本情况(见图8)。由图8可知,资源建设领域的研究历经数十年发展,已步入成熟期,研究者对该领域各个方面都有相关研究。仔细浏览这些研究成果可以发现,内容主要集中在:信息资源体系规划,资源的选择与采集,馆藏资源的数字化和数字资源的馆藏化(即数据库建设),网络信息资源的开发与保存,信息资源的组织管理,资源共享等。可谓无一挂漏[11]。

在资源建设选题相当宽泛的当下,是不是还有其他独特的视角可以抓取选题进行研究呢?调查发现,对转型期图书馆信息资源建设出现新情况的研究较少。图书馆的存在形式日益多样化,既有空间结

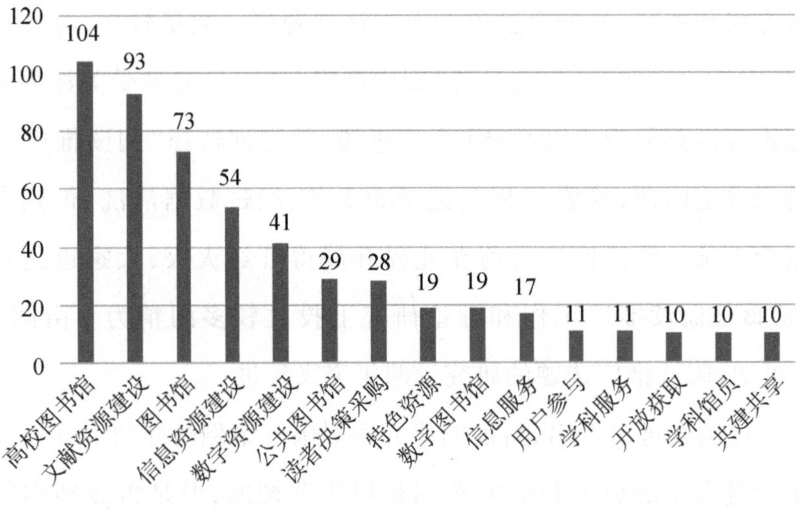

图 8　2012—2016 年资源建设选题情况

构上的实体馆藏图书馆,也有虚拟馆藏的数字图书馆,更有新型的移动图书馆、以满足读者交流为主的共享空间,以及以培养创新思维为主的创客空间等。新形势下,信息资源建设如何承载广大用户的新需求?有很多选题有待挖掘研究,例如,新形势下资源建设的战略,馆藏发展政策的理论和实践,资源类型的变化与服务模式,资源建设质量的评价标准,网络环境下各种数字资源在其生命周期中不同阶段的不同价值,数字信息资源的服务绩效评估,馆藏数字信息资源的科学分类、分级存储、保护与服务,各类型资源数据库格式的转换,等等。此外,目前对国外信息资源建设情况研究不多,对我国和国外在信息资源建设方面的比较研究也属于罕见[12]。

可见,一些有重大现实意义的选题还没有引起足够重视,有相关背景和兴趣的研究者可以就此类选题开展研究。

3.3　阅读推广

读者服务是图书馆的核心业务工作,针对不同的读者以及不同的服务方向和内容,又分为多种。因为该选题研究数量较多,分支也比较多,无法一一涉及,本文仅就“阅读推广”这一目前最受关注的分支选题进行简要分析。以 CNKI 为检索源,关键词选择“阅读推广”,其他检索设定同前,检索到相关记录 563 条,经过数据清洗,得到有效数据 561 条。阅读推广目前在业界开展得红红火火,大家也达成共识,应该在阅读推广工作和理论研究上投放较多的精力。由图 1—图 6可知,阅读推广选题的研究近两年突飞猛进。

通过调查可以看出,目前的研究多局限于案例的介绍。开创先河的案例对大家的启示和借鉴作用是毋庸置疑的,但是轰轰烈烈的阅读推广活动若要保持长久的可持续发展态势,除案例推介之外,还应该有理论研究以及科学合理的服务标准、规范、方法、人力资源等多方面研究的支撑。但是,目前只有范并思、王波、于良芝、刘炜等几位专家在各自的领域做了一些相关研究,还没有形成规模和体系。王波 2011 年指出的缺乏全球相关调研、急需理论支撑、有效性研究缺失等问题依然存在[13]。

目前的研究存在诸多空白,跟不上实践发展的步伐,遑论起到参谋和引领作用。上述指出的选题都可以作为下一步研究的重点关注对象。

3.4 管理

管理是一项以人为主体的科学活动,任何一个组织的运作效率最终都取决于其管理水平,图书馆也不例外。本处的“管理”所指主要为行政管理。笔者对近 5 年来我国图书情报领域的管理研究做了调研。以 CNKI 为检索源,文献类型、文献分类、时间等设定同前,关键词选择“管理”,为避免歧义而致使检索结果中过多出现“业务管理”的研究成果,另外选择中图分类号“G251”做限定,同时,为尽量全面检索到相关选题，检索方式选择“模糊”，检索到相关记录603条。经过数据清洗，获得有效记录490条。浏览发现，目前多是就人力资源管理、图书馆联盟、绩效管理等选题展开研究。

然而，除了传统的绩效管理、制度建设，理事会制度的实践案例，是不是对于管理的研究很难找到新的关注点呢？事实上，图书馆的管理涉及许多方面，其中有待研究完善的选题很多。未来图书馆管理发展的方向将兼有知识化、学习型和人性化的特点，目标是把图书馆建设成为公共文化空间，围绕这一目标展开对图书馆管理的继续研究和不断探索，主要研究选题可以包括：加强服务标准化，强化信息服务的超前意识，建立多元化的动力机制，建立新型的图书馆组织结构，进行科学的图书馆知识管理。要把资源、人和空间有机结合，实现效益最大化的智能化、人性化服务。

对管理进行深入研究，提供有指导意义的管理理论，推动图书馆管理的规范化、人性化、亲和力，激发馆员的创造力、想象力和责任感，其作用不可小觑。

3.5 数字图书馆

图书馆学、情报学是与现代化技术结合非常紧密的一门学科，数字图书馆、移动图书馆、大数据、关联数据、微信平台、数字人文……由调研结果可以看出，研究者们总是能非常及时地跟上前进的步伐。

本文对近5年来我国图书情报领域的数字图书馆研究做了调研。以CNKI为检索源，关键词选择“数字图书馆”，其他检索设定同前，共检索到相关记录1430条，经过数据清洗，获得有效记录1154条。由图1—图6可知，数字图书馆选题近5年来始终是业界的研究热点，总频次位居第1，2015年以来热度虽然有所下降，但依然排在比较靠前的第 3 位。分析关键词出现 15 次以上的研究成果,可以看到 2012—2016 年数字图书馆选题的基本情况(见图 9)。

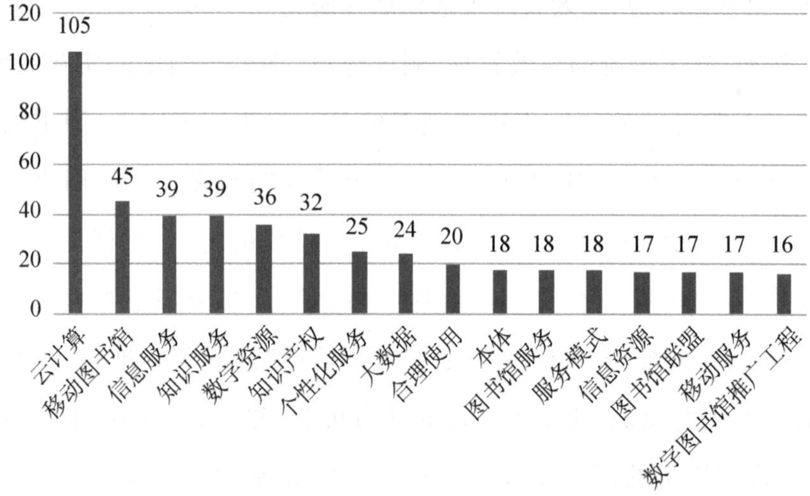

图 9　2012—2016 年数字图书馆选题情况

但是,浏览这方面的文章发现,很多研究选题集中在数字化信息服务、数字资源建设、技术更新和理论探讨上,多是关于构建一个系统或平台,实现技术服务的探讨,或者对单馆、单个项目、单个数据库的建设经验的介绍总结,或者与云计算、大数据、微信等新名词的结合而不是深度有机的融合,研究浮于表面的成分较多。

从发展的情况来看,有理由相信,数字图书馆将继续成为图书情报领域的研究热点。数字图书馆发展到今天,技术手段日趋成熟,其跨平台便捷使用、人性化的服务举措、舒适的用户体验、资源丰富多元与传承发展的可行性及效果评估方法,才是真正面向读者服务应该深入研究的内容。研究的重心将放在数字图书馆基础研究、数字图书馆元数据标准规范、数字图书馆资源整合研究、数字图书馆模型与多媒体资源库建设等方面。同时,随着数字图书馆建设与研究的不断发展、深入,区域内或跨区域的图书馆协作及文献信息资源共享也将受到重视,并取得一定的成果[14]。

如上所述,图书馆学作为一门社会科学,它研究图书馆在整个社会知识信息交流中的作用、过程、地位等。在飞速发展的信息社会,可以研究的内容层出不穷,不胜枚举。只要掌握研究方法,掌握图书馆学研究的发展脉络,正视自身条件,一定可以发掘出有价值、有可行性、有发展前景的选题。

4 目前来稿中选题存在的问题

4.1 深度不够

目前,一些图书馆学、情报学研究选题只作表面文章,不够深入,没有形成体系,不能解决实际问题。这种表面化倾向表现在如下方面:

(1)把图书馆学、情报学研究等同于图书馆政策的注释。表现为研究者热衷于对政府的图书馆政策做注释和说明,而忽视了学术研究对政策制定的导向作用,只做表层的思辨,不去进行深刻的理论分析。

(2)一事一议,往往是本馆或者本系统做了某些活动、项目等,写成工作总结式的文章,没有深度挖掘其普适性价值和借鉴意义。

(3)理论研究低水平重复,同质化严重,新瓶装旧酒,拼拼凑凑,其中没有任何可以借鉴的内容。其中一个很重要的原因就是作者对学术研究动态的掌握和了解不够,对本门学科以至相邻学科的最新成果及发展趋势没有一个比较全面而清晰的了解,不知道目前大家关注的热点和难点问题是什么,哪些问题已经解决或基本解决了,还有哪些重大问题有待解决,需要攻克什么难题等。

（4）国外的研究多数仅限于相关介绍。没有深入到体制、历史渊源、可移植性分析研究等层面，实用价值不大。

造成这些问题的主要原因是：（1）缺少实证性研究。由于受传统思维模式的影响，我们过于注重直觉思辨，而缺少严密的逻辑推理和令人信服的实证研究。这在很大程度上导致研究的深度不够，只能在表面做做文章。（2）追潮流现象。某段时间研究某个问题，大家都去研究，下一段时间又有新问题出现，大家的注意力立即就发生转移，也不管先前的研究进行到何种程度，有没有达到目标。（3）研究者之间相互封闭，互不了解，同时或先后进行相似甚至相同的研究。这样的重复研究，其成果的理论深度当然也是有限的。[15]

4.2　对于热点研究一哄而起，缺乏独立思考[16]

在研究中追逐热点，热衷于猎奇，对于热点研究一哄而起，热衷于“复制”和“跟风”。一种理论、观点或思想一经提出，便立即纷纷效仿。对研究问题没有深刻的认识和了解，导致研究浮躁而不深入持久，研究内容雷同，高质量的研究成果寥寥，热潮过后便无人问津。追逐热点本身并不是坏事，但如果研究热点仅仅满足于猎奇，不能深入研究，没有独立思考，缺乏创新，则失去了研究的意义和价值。

4.3　缺乏实证和定量研究[16]

在图书馆学、情报学期刊上经常可见一些纯概念思辨型、移植性文章。这类论文是纯理论性的、经院式的，不是有的放矢，而是泛泛而谈、空对空的研究，只要文字功底好，想象力丰富，就能写出来。研究缺乏实证，没有自己的原始素材，缺乏实例、案例和数据的分析与支持。这样的理论研究没有与图书情报工作实践相结合，内容是空洞的，当然更谈不上指导实践，这种理论与实践严重脱节的现象是广大研究者应该摈弃的。我们不是否定理论家和理想家，而是需要加强实证和定量研究，虽然做起来很麻烦、费时费力，但具有重要的现实指导意义。

4.4 学术研究不规范[16]

由于目前我国图书馆学、情报学研究大多还处在研究者个体行为的层面，而且相当一些研究者未受过系统、正规的科学研究训练，甚至连基本的学术规范也不了解，这就不可避免地造成了我国图书馆学、情报学研究中学术不规范现象的屡屡出现，从而降低了图书馆学、情报学研究选题的科学性和学术研究的严肃性。加之，目前图书馆学、情报学研究没有建立完善的质量评价机制，更导致许多研究内容低水平重复，缺乏创新，速成产品多，耗时长、有难度且不易出成果的原创性研究者甚少，走捷径的学术垃圾随处可见。有相当一部分论文的命题和标引缺乏学术规范，抄袭现象严重，加之有些期刊把关不严，缺乏严格的学术规范控制措施，更从客观上纵容和加剧了学术规范的缺失。

选题上的问题主要表现如下：首先，大题小做。选题范围过大过宽过难，任务过多，材料不足，超越了自己的专业基础和研究能力水平，一旦盲目动笔，很可能陷入力不从心的被动局面。其次，生题盲做。出于猎奇、博人眼球的目的，在不了解不熟悉的领域中寻找课题，选择过偏过窄、过于生僻的研究方向，研究、探讨起来就会棘手，勉强作战势必半途而废[2]。再次，本末倒置。选题重点放在研究方法或者其他领域的理论上，却没有同自己的图书馆学研究选题有机结合开展论述，根本谈不上研究，可谓有苦劳而没有功劳。

4.5 外来研究成果引进缺乏与本土的融合

在近年来的研究中,对国外引进来的成果较多译介和模仿,消化整合的少,原创性的少。没有立足本土,将国外的图书馆学、情报学理论与方法在中国实践中加以特色化应用,缺乏中国图书馆实际的根基。问题是人家的、素材是人家的、理论是人家的、法规是人家的,真正适合中国图书馆事业、解决中国图书馆问题的不多,因此不能起到应有的借鉴作用。

4.6 从其他学科移植的方法,多为生搬硬套

近年来,在图书馆学、情报学研究中移植了一些其他学科的新方法,但对于新方法在图书馆学、情报学研究和工作实践中运用的实际效果关心甚少。有些研究者的选题只是一些新方法、新理论的生搬硬套,或是一些名词、术语、公式的堆砌,只重形式、不重内容,不切实际,不能真正指导图书馆学实践。

5 建议

5.1 开阔视野,放大格局

从大处着眼,小处着手。对相关研究领域有全局认识,才能从目前理论和实践的薄弱环节中找准选题,发现研究空白,出奇制胜,使自己的研究有独到之处、有新颖性。一般说来,选题宜小不宜大,宜窄不宜宽,提倡小题大做。选题时,要充分考虑主客观条件,结合自己的专业优势和业务专长,从周围事物、近处问题出发,对日常所思、平时所悟的问题多加关注,在比较熟悉、了解的科学领域中,优先选择材料准备比较丰富、有把握的研究主题,这样也利于在论文写作中

发挥长处。某一论题选定后，如果需要论证或阐述的问题比较多，那么勉强将其揉入一篇论文，则不但内容庞杂，不易论明说透，而且会导致篇幅过长。有鉴于此，对大课题可以采取“分而化之”的方法。首先，认真分析大课题的内涵及外延；其次，视具体情况将大课题分为若干研究子课题，逐一化解；最后，研究者依据主客观条件，择取其中感兴趣的部分撰写论文。此外，在课题的研究进程中，有时会发现一些值得研究的其他问题，对此类派生性课题的研究，亦不失为选题一法。也有一些课题研究初期内容少，属于小课题，但随着研究的深入，会逐渐发现一些与之相关的课题。当它们与原课题联系紧密时，单个分散课题的研究就具有了整体意义，形成一个“大课题”。上述两类课题既适合个体研究，也适于以“课题组”形式开展集体研究。

要避免选题上的重复，就要博览群书，把握住学术动态，结合当今相关研究的前沿，善思多思，全方位地开拓自己的思路，多选一些与现实工作或者自己日常关注关系密切的课题、当前学术界比较关注的重要问题或是当前某一研究领域亟待解决的问题。

5.2 关注研究动态

如前所述，图书馆学、情报学研究多年来呈现如火如荼的态势。毋庸讳言，有些成果确实差强人意，但是总体而言，研究在不断进步，借鉴和推动作用还是存在的。从事研究就要关注自己所定选题方面的研究成果。一方面，避免重复，另一方面，任何有价值的成果都是在前人研究成果的大量积累基础上产生的。关注研究动态，可以积累丰富的研究资料，有利于激发灵感，产生创新思路，形成自己的研究方式，保持研究生命活力。方法如下：

(1)通过国家哲学社会科学基金每年的立项项目来查找相关选

题。登录基金委的查询网站，一般而言，查询近3年的项目就能获知自己研究方向的热点问题和国内主要的研究单位，从而获得最新最全的资料和信息。

(2)关注图书情报领域的国际顶级学术会议，并尽早拿到论文集，浏览其中的内容可以获知所研究领域的国际研究现状和热点。

(3)关注本领域的国内外顶级期刊。目前一些北大核心期刊和CSSCI来源期刊，如《图书情报工作》《图书馆杂志》《图书馆论坛》等，每年都会根据国家政策、业界动态等，征询相关专家意见，制定选题指南，可以作为研究的重要参考；即使没有选题指南的核心期刊，研究者经常浏览，也能捕捉到刊物关注的选题。

5.3 保持持续性

研究工作只有保持一定的稳定性和持续性，才能获得相关选题的进一步成果。每个人个性不同，有的善于逻辑思考，有的善于突发奇想，还有的善于在与人碰撞中激出火花。只有根据自身特点选择适合自己的选题，并保证研究的可持续发展，才能保持研究的持续性，多出成果，出有价值的成果。否则，打一枪换一个地方，蜻蜓点水似的，既耗费精力，又很难有所收获。

5.4 充分了解有投稿意向的期刊[17]

每一种期刊都有自身鲜明的定位和办刊宗旨，也会根据自己的办刊宗旨，录用相对固定的、符合期刊定位的选题文章。论文选题是否符合所要投稿的刊物的需求，是主编和栏目编辑初审时的重点审查项。

有的文章虽然写得很好，但选题及所写内容与刊物的选稿方向不符合,编辑也会选择退稿。作者在准备写作或投稿前,要做到有的放矢地撰稿、投稿,这就需要熟悉投稿目标刊物的用稿方向,看刊物定位是否与自己研究的领域相符;最好查阅近年来该刊物及相关期刊发表过的相关内容的文章,分析发表的文章都是从哪方面入手,有哪些值得借鉴和参考的信息,从文章中也可揣摩期刊风格或编辑的选题倾向、爱好;也可事先有针对性地与刊物编辑进行沟通,一方面可以了解期刊当前的重点,也可把自己的一些观点和想法提前告诉编辑,给编辑造成先入为主的感觉,从而有效提高投稿录用率。

5.5 标题和摘要的撰写简洁明了[18]

标题是作者选题的最直接表达,好的选题需要好的表达。标题含义应该清楚明了,语句通顺,逻辑成立,经得起推敲,能够引起读者的阅读兴趣。要避免语义含糊不清,或者有多重含义。虽然最好能博人眼球,但是要避免使用只有自己才懂的怪癖术语和自创的新词。同理,摘要主要是对文章内容所做的简明扼要的概括,撰写摘要须语言简洁、逻辑清晰、表达准确。

参考文献:

[1] 周成军,巫志龙,周新年,等.学术论文选题类型、原则与途径[J].成都师范学院学报,2013(4):43-48.

[2] 吴清.论学术论文选题的三要三不要[J].太原城市职业技术学院学报,2008(2):134-135.

[3] 陈静,王秀兰.学术论文选题原则界说[J].唐山师专学报,2000(6):74-77.

[4] 李燕凌.文科硕士研究生学术论文选题三原则[J].学位与研究生教育,2010(10):11-13.

[5] 王林林. 选题——撰写学术论文的关键一步[J]. 法制与社会,2008(10):325.

[6] 张丽,钟俊. 学术论文的选题与行文规范[J]. 现代交际,2012(6):51－52.

[7] 陈静. 学术论文选题方法概说[J]. 石家庄大学学报,1999(3):32－35.

[8] 侯宾. 云计算的概念和现状[EB/OL]. [2017－03－05]. http://www.docin.com/p-168936940.html.

[9] 2014年将成中国云计算元年概念股迎来腾飞时刻[EB/OL]. (2014－03－07). [2016－03－13]. http://money.163.com/14/0307/21/9MP00V6C002540BQ.html.

[10] 倡导全民阅读首次写入政府工作报告[EB/OL]. (2014－03－07). [2017－03－29]. http://www.zuojiawang.com/xinwenkuaibao/6854.html.

[11] 刘兹恒. 国内外图书馆学情报学研究现状[J]. 中国医院,2008(2):10－13.

[12] 周兵. 2003—2014年我国图书馆信息资源建设论文统计分析[J]. 图书情报工作,2015(12):117－121,48.

[13] 王波. 图书馆阅读推广亟待研究的若干问题[J]. 图书与情报,2011(5):32－35,45.

[14] 刘良璧. 从国家社会科学基金项目看图书情报文献学领域研究热点及发展趋势[J]. 图书馆,2011(4):96－97,105.

[15] 彭泽华. 我国图书馆学研究存在的问题与改进策略[J]. 图书馆学研究,2005(11):6－8,36.

[16] 杨淑萍. 近年来我国图书馆学研究的现状、问题及对策[J]. 现代情报,2007(6):2－5.

[17] 孙协胜,韩纪富,闫晓枫. 如何提高学术论文录用率[J]. 天津科技,2015(8):89－90.

[18] 蒋湘莲. 期刊论文撰写的常见误区[J]. 湖南科技学院学报,2014(12):186－188.

怎样写

——研究方法和写作方法

刘 洪

刘 洪

1 研究方法的概念

学术是系统的、专门的学问。学术研究是针对某个学术问题，通过使用科学的研究方法获取足够丰富的研究资料，然后运用系统的专门知识或研究工具来分析这些资料，从而获得具有创新知识的学术成果。学术研究是对学术问题的揭示和解决，从而构建新知识并使其理论化的活动[1]。学术研究方法就是从事学术研究所使用的科学方法，旨在为研究者提供可靠、有效的方式，确保学术研究的真实性、客观性和实效性，使研究者能选择或发现乃至构建一个正确的理论，以实现知识创新的目的[1]。学术研究依赖于研究者使用研究方法对研究的问题展开学术分析与建构。研究方法由资料获取方法和分析方法两大体系组成;研究方法既存在于获取研究资料的环节,又存在于运用专门知识或研究工具来分析这些资料的环节。

行文到此,需要特别坦白的是:笔者并非科研工作者,更非研究方法领域专家,仅仅是一个学术杂志的普通编辑,出于工作需要,时不时简略地看些研究方法方面的文献,也向专家学者和赐稿作者们请教了一些研究方法方面的问题,因此对研究方法并没有什么独到的见解,更没有练就独家秘籍,关于研究方法的文字更多是在对现有研究成果粗浅认知的基础上,结合几年的编辑工作实践,进行的梳理。不少文字乃不严谨的组装,虽然努力标注出处,仍或存在漏网之鱼,实非有意为之。另外,此类文字若能结合具体的正反事例,或能助于理解,但出于职业伦理、隐私保护、著作权等考虑,最终放弃了反例。诸多不妥,敬请批评。

1.1 五大问题

对图书馆员来说,理解学术研究方法时,可以扩宽视野,置身于辽阔的学术生态之中,从中把握五个方面的问题。

(1)四个意识

图书馆员从事研究,往往需要具备问题意识、方法意识、创新意识和学术意识。方法意识就是要有用恰当的研究方法来科学研究学术问题的理念。没有方法意识,问题意识、创新意识和学术意识会缺乏根基,那样的研究往往是"伪研究"。没有方法意识,要解决学术问题,往往会步入歧途。比如,在现实生活中,个别人士会采用行政方法、商业方法等解决学术问题,在越来越规范的学术环境下,这些方法即便偶尔得逞,也有可能背上不可卸下的包袱,使自己的职业发展蒙上阴影，甚至连累他人。概言之，学术问题要在学术的框架下用学术方法来解决。

(2)流程问题

学术研究有一个完整的流程，涉及选题发现，科学研究（含用科学的研究方法获取研究资料，以及用专门知识或研究工具来分析资料），学术作品撰写和发表、传播、交流等环节。使用恰当的研究方法进行科学研究是学术研究流程中非常重要的一环，不可或缺。只有在发现选题后接着做科学研究，才是真正的学术研究，才有可能产出有价值的学术成果；选题发现后跳过科学研究，直接撰写所谓的学术作品的行为不是真正的学术研究，不可能产出真正有价值的学术成果。另外，在学术研究流程中，各个环节一环扣一环，顺序不可前后颠倒。学术研究的流程正如科学地孕育孩子，首先“封山育林”和怀孕（选题调研和选题发现），接着养胎（科学研究），然后分娩（学术作品撰写），最后养育孩子（发表、传播、交流）；不存在先分娩、再养胎等情况，也不存在“封山育林”和怀孕后，不进行养胎，就生育健康可爱的宝宝的胜算。概言之，优秀的学术成果一定来自科学研究；没有科学研究，一定不会有优秀的学术成果。

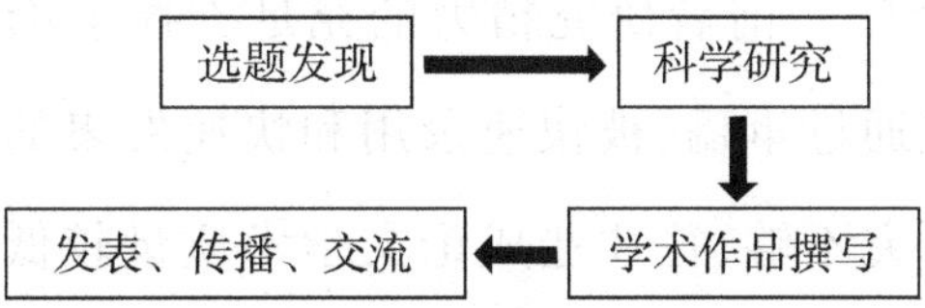

图1　学术研究的一般流程

(3)精力分配

学术研究是一个非常耗费体力和智力的活动。在全力建设现代公共图书馆服务体系、争创“双一流”大学和图书馆正在急剧转型的当下,图书馆员往往既承担着繁重的业务工作,又面临较大的生活压力,用于科研的精力并不多。在这种情况下,图书馆员一方面需要在工作、生活和科研中合理配置精力,另一方面要在科研活动的各个环节中进行合理的科研精力分配。笔者在“学术论文退稿原因调查”中,针对科研活动的精力分配问题,分别访谈了50位录用论文和50位退稿论文的中青年作者,初步发现:①精力分配是否合理与论文质量及其是否被录用具有较强的关联性:在学术研究中合理分配精力的作者,其论文质量及其被录用的可能性相对较大,反之,相对较小。②所谓合理分配科研精力,是指将更多的精力放在科学研究上,包括用科学的研究方法获取足够丰富的研究资料,以及用系统的专门知识或研究工具分析这些资料。如果把一项研究需要耗费的精力设定为100%,那么,在被录用论文的作者中,其精力分配的中间值为:选题发现的精力约占20%,科学研究的精力约占45%,论文撰写的精力约占25%,论文发表传播和交流的精力约占10%;在约60%被退稿论文的作者中,其精力分配的中间值为:选题发现的精力分配为15%,科学研究的精力约占20%,论文撰写的精力约占30%,发表论文的精力约占35%。前者研究精力的充足支撑了论文的学术质量,往往能形成快速通过审稿、被快速录用和快速发表的效应;后者研究精力不足导致研究不够,往往造成论文学术质量较低,在投稿上屡战屡败、屡败屡战的局面。概言之,优秀的学术成果必须要有足够的研究精力投入保障;没有研究精力的足够投入,不会有优秀的学术成果。

表1　研究精力分配合理与否的不同结果表

	选题发现所占精力	科学研究所占精力	论文撰写所占精力	论文发表所占精力	合计
录用论文作者	20%	45%	25%	10%	100%
退稿论文作者	15%	20%	30%	35%	100%

(4)时间规划

学术研究也是一个非常耗费时间的活动。我国图书馆学、情报学界知名学者中,能每年以独著形式发表三四篇高质量论文的情况并不多见,原因就在于学术研究不是一个短平快的事情,要耗费的精力很大,要花费的时间很长。对图书馆员而言,既要平衡工作、生活和科研中的时间分配,又要对科研流程中各个环节所耗费的时间进行合理规划。笔者在"学术论文退稿原因调查"中初步发现:与精力分配类似,是否合理规划学术研究时间与论文质量及其是否被录用,以及录用后是否能按照所需时间发表具有较强的关联性:在学术研究中合理分配科研时间的作者,其论文质量及其被录用的可能性相对较大,录用后能按照所需时间进行发表的可能性也相对较大,反之,越小。在笔者多年的编辑工作中,经常碰到一些作者刚刚投来稿件,就提出在下一两个月甚至当月进行发表的要求,且不论文章是否能够通过同行评议被录用,即便通过同行评议被录用,由于学术期刊出版一般需要备三期左右的稿件,以及审稿时要遵守"三校一读"的规定,通常整个流程要耗费五个月左右的时间,当然不可能在一两个月内发表。事实上,因为不能按需发表论文,导致博、硕士研究生不能按时毕业、课题难以结题、职称评审延误甚至错过职称评审黄金窗口期而抱憾终生的作者不在少数。究其原因,这些作者在科研中往往缺乏合理的时间规划，甚至根本就没有时间概念。

根据我国学术期刊出版周期的一般状况，结合图书馆员的工作生活实际，建议以两年作为一个研究周期进行科研规划，一般而言能够保障学术研究的质量和按需发表。具体而言，假如一篇论文用于2020年8月的职称评审，那么就需要以2018年8月1日为起点，着手进行该研究的时间规划，其中：花2个月进行选题发现，即2018年9月30日敲定研究选题；花10个月进行科学研究，即2019年7月31日完成所有研究工作；花5个月进行论文撰写和淬炼，即2019年12月31日完成论文撰写；花7个月进行论文发表，即2020年7月31日前收到发表论文的样刊。概言之，优秀的学术成果及其按需发表，一定要有足够的研究时间投入保障；不进行合理的时间规划，研究质量得不到保障，发表时间的需求也会受到影响。

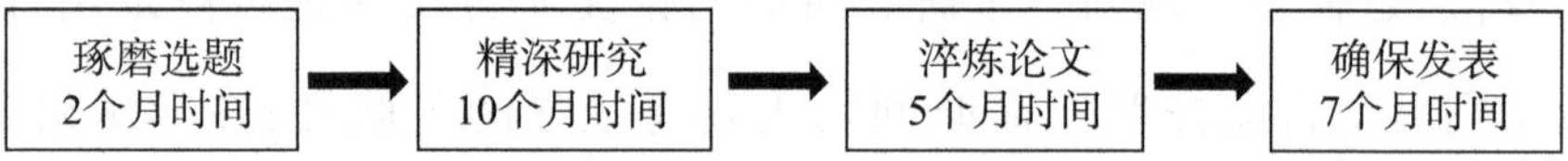

图2　学术研究的时间分配建议图

（5）方法呈现

在学术作品中，需要在一些关键位置描述所使用的研究方法。比如，在期刊论文中，应该在摘要中以简短的文字陈述该研究所使用的研究方法，并在前言中描述使用了哪些研究方法以及解决了什么问题，或者在正文中专辟一节，用于描述研究方法以及解决的问题。在学术作品中，不进行适当的研究方法的呈现，审稿人和读者就难以知道该研究的材料来源及其分析工具，更不知道研究过程及其合理性，从而不能对研究的科学性和研究结果进行判断，从严谨性考虑，即便研究做得非常好，编辑部也往往会做出退稿处理。以李武、王丹、黄丹俞等的《图书馆阅读推广研究十年进展(2005—2015)》[2]为例，首先在“摘要”中这样描述研究方法：“文章采用内容分析法，并结合Citespace软件，从研究主体、研究内容和研究产出三个维度梳理和总结了图书馆阅读推广理论的十年进展。”随后在正文中，用第一节专门详细描述了研究方法：“1 数据采集及分析方法”，清晰明了地展现了研究方法和研究过程，受到审稿人的高度评价，很快通过了同行评议。概言之，研究方法的呈现是取信于审稿人的前提；不进行方法呈现，容易导致退稿。

图书馆阅读推广研究十年进展(2005—2015)*

李　武，王　丹，黄丹俞，王　政

摘　要　随着图书馆阅读推广实践的不断推进，相关的理论研究也进入了学术视野。文章采用内容分析法，并结合Citespace软件，从研究主体、研究内容和研究产出三个维度梳理和总结了图书馆阅读推广理论的十年进展。研究发现：该领域的研究工作已经取得了长足发展，具备了一定的研究规模、深度和广度，但也存在一些研究上的盲区和不足。今后的研究可在阅读推广的基础理论研究、具体的人群对象和规范的研究方法等层面加以完善和深化。

1　数据采集及分析方法

本研究的数据来源为《中国学术期刊(网络版)》数据库(CNKI)。经过前期多次检索和分析，确定的数据采集策略如下：首先，利用“主题=阅读推广OR阅读促进”这一检索式获取相关记录，并从被引次数排在前100位的论文中提炼高频关键词。其次，将这些高频关键词提交给中国图书馆学会阅读推广理论研究专业委员会，邀请委员们对这些关键词提出调整意见(包括增加或删除关键词)。最后，在前两个步骤的基础上，确定用于本次检索的关键词，即包括“阅读推广”在内的15个关键词。

图3　在摘要和正文中呈现研究方法的图示

1.2　研究类型

对图书馆员来说，掌握学术研究方法，也需要了解自己所从事研究的基本类型。选题确定研究的方向、范围和对象，一般而言，选题确定意味着研究类型也就定下来了。图书馆学、情报学科研究类型有多种划分方法，笔者介绍其中三种。

(1)基础研究、应用研究

根据研究内容可划分为基础研究与应用研究。

基础研究是指以创新基本原理、探索基本问题为目的的研究，通过对社会现象的本质、运动过程和结构、与社会的联系等的认识和把握，为应用研究提供理论基础和科学依据，主要回答“是什么”“为什么”的问题。以范并思、王巧丽的《阅读推广的管理自觉》[3]为例，论证阅读推广已成为图书馆主流服务，需要管理者自觉进行管理，图书馆行业管理者需要将阅读推广纳入行业宣言或核心价值、战略或政策类文献，应在图书馆管理中对阅读推广进行顶层设计，在服务方向的把握、服务项目的策划、服务资源的组织等一系列问题上进行统筹规划和总体部署，并坚持图书馆对阅读推广的主导。

应用研究是指运用基础研究的科学原理和科学原则，对实践和技术层面的具体问题进行探索，以解决实践问题，主要回答“做什么”“如何做”的问题。韩彬的《阅读立法中的公共图书馆阅读推广》[4]在阅读推广基础研究的基础上，评介《公共文化服务保障法》《全民阅读促进条例》等法规中的公共图书馆阅读推广规定，讨论阅读立法目标和公共馆在阅读立法中的地位。

(2)探索性研究、描述性研究和解释性研究

按照研究目的可划分为探索性研究、描述性研究和解释性研究。

探索性研究是对研究对象进行初步了解，以获得初步印象和感性认识的，并为日后更周密、深入的研究提供基础和方向的研究。比如，朱明的《高校图书馆管理制度有效性的理论构建——基于扎根理

论的探索性研究》[5]通过对几所高校图书馆的扎根理论研究，构建高校图书馆管理制度有效性的理论模型，提出高校图书馆管理制度有效性概念，即由高校图书馆制定成文的符号性规范，在一致性框架和制度机制作用下，促使制度个体通过自身的素质、能力、水平和情感价值判断做出符合制度目标的行为选择，以及图书馆根据制度环境、机制、个体的变化对制度文本进行动态调整的能力。

描述性研究是指通过收集资料和分析，描述某种现象的特征或全貌的研究。比如，张幼君、王翩然、金焕鑫的《图书馆管理者职业胜任力描述》[6]通过问卷测量和统计分析测量，对我国图书馆管理者职业胜任力进行系统描述：合作能力和主动服务意识较强，工作满意度、组织忠诚度和自我价值感较高，普遍不倾向于离职，但特殊知识与技能的自我评价总体较低。

解释性研究主要探索某种假设与条件因素之间的因果关系，首先指出现象是什么，然后解释为什么如此。比如，李斯的《公共图书馆转型背景下的噪音问题——基于微博的调查》[7]以图书馆用户在微博上发表的对公共馆噪音看法为数据源，用内容分析和情感分析法研究用户对噪音的认知。首先，发现用户关注噪音问题并表现出负面情绪，用户行动以及设备、工作人员和馆内外活动是噪音源；接下来，探讨原因，一方面用户对公共图书馆持严肃安静的刻板印象，另一方面现代图书馆采用大开间模式，引入信息设备，提供展览、演讲、电影放映、沙龙等，容易产生噪音；最后，提出转变用户对图书馆严肃安静的刻板印象，合理规划图书馆空间和安排现代服务内容，图书馆改进设备、人员等方面的管理等对策。

(3)定性研究、定量研究

按照研究性质可划分为定性研究和定量研究。

定性研究是指在形式上非量化,在内容上对事件或现象的性质和特征进行解释的研究,侧重于对概念、特征等方面的描述和解释。比如,王子舟、张歌、曾丽莹等的《服务创新要守"本"有"度"——关于图书馆娱乐化趋向的讨论》[8]研究指出:图书馆具有休闲娱乐功能,应该提供休闲娱乐服务,但不应迎合娱乐化浪潮,过度娱乐化会削弱专业性;应坚守职业理性,抵制娱乐化侵蚀,同时提供围绕知识信息传播形成的适度的休闲娱乐服务,让读者更好地走入书的世界。

定量研究是指在形式上通过量化,在内容上通过描述测量值来进行测量分析的研究,侧重于测量和计算。张靖、徐晓莹、谭丽琼等的《现代公共图书馆服务体系人力资源保障研究之现状调查——以广州市为例》[9]对广州2个市级图书馆、11个区级图书馆以及43个镇(街道)图书馆的人力资源现状,通过全样本与抽样相结合调查,从公共图书馆服务体系建设视角探讨人员数量缺口大、专业性不理想、继续教育未满足专业性提升需求等问题。

2 常用研究方法

图书馆学、情报学的研究方法很多,据说全部加起来会超过100种。图书馆员没有必要也没有可能掌握和运用所有研究方法。在林林总总的研究方法中,不少研究方法具有较强的个性化色彩,对研究者的学术素养和能掌控的研究资源都有非常高的要求,图书馆员的一般性研究不需要运用这些研究方法,但可以了解这些研究方法;而部分研究方法相对简单一些,与图书情报工作结合比较紧密,也完全能够解决工作和科研中遇到的一般性研究问题,我们应该熟练掌握这些研究方法,在自己的研究中科学运用这些研究方法,比如调查法、比较法、内容分析法、计量法、思辨法等。每一种研究方法的内容都非常宏富,不是一个短短的章节就可以清晰地描述到位的。因此,笔者就图书馆员科研中可能涉及的几种常用研究方法进行简单介绍,就每种研究方法的关键点进行扼要的说明。

2.1 问卷调查法

所谓调查法,就是把要研究的内容以问题的形式提出,设计成标准化的问卷或访谈提纲,然后让调查对象来回答,从而收集到研究所需要的一手资料,最后运用分析工具对这些资料进行分析讨论,从而获得研究结果的研究方法。近年随着我国图书情报事业的快速发展,尤其是图书情报事业向专业化服务、个性化服务方向转变,调查法成为越来越受欢迎的研究方法之一。比如,在图书馆学核心期刊2016年发表的文章中,以问卷调查法为主要研究方法的文章达147篇[10]。常用的调查法主要包括问卷调查法、访谈调查法等。

问卷调查法是根据调查目的,以严格设计的问卷为工具,向研究对象收集研究资料和数据,然后进行分析讨论的研究方法。问卷是一种测量工具,将要调查的内容和问题以设问的方式进行设置,编排成统一的表格形式,以测量调查对象的基本情况、行为、态度、观念等,解释所研究的问题和验证所提出的研究假设[11]。问卷调查法经济方便,保密度较强,调查范围较大,标准化程度高。

(1)全面调查和抽样调查

全面调查就是对调查对象一一进行调查,不漏掉其中任何一个。全面调查的优点是获得的调查资料非常全面和比较可靠,但耗费的人力、物力、财力较多,调查时间也比较长。因此,这种方法往往适用于涉及的调查对象比较少的研究。以卢明芳、吴锦辉的《武陵山贫困片区本科院校信息素养教育调查》[12]为例,调查对象是武陵山贫困片区的本科院校图书馆,虽然武陵山贫困片区包括71个县(市、区),但实际上只有九所本科院校图书馆;而调查内容是信息素养教育,非常单一,因此采用全面调查法调查这些图书馆的信息素养教育情况,资料翔实,分析全面,赢得了评审专家的认可。

抽样调查是从所有调查研究对象中抽选一部分进行调查,据此对全部调查研究对象进行推断的调查方法。虽然抽样调查并非全面调查,但只要抽样调查过程科学,数据统计和资料整理科学,计算分析方法得当,能够准确反映研究对象的整体情况,与全面调查的结论相差无几,可以起到全面调查的作用。我国国土广阔,人口众多,地区差异大,各类型图书馆发展迅速,行业发展所需要的增量知识非常急迫,因而抽样调查成为广泛使用的调查方法。

根据抽选样本的方式,抽样调查分为概率抽样和非概率抽样。概率抽样是按照概率论和数理统计的原理从调查研究对象中,根据随机原则来抽选样本,并从数量上对调查研究对象的整体特征做出推断,对推断出可能出现的误差从概率上加以控制。学界一般将概率抽样称为抽样调查。以王敏虹的《广东民间音乐信息需求调查》[13]为例,涉及的调查对象是广东客家地区、潮汕地区、广佛地区的数千万民众,人口规模非常庞大;而调查内容涉及对广东民间音乐的认知及其与民间音乐信息需求的关系、广东民间音乐信息需求满足度、对广东民间音乐信息的支付意愿等诸多方面,全面调查所要耗费的资源和时间是可以想象的。因此,作者采用抽样调查法,选取广佛地区、潮汕地区和客家地区作为调查区域，在这些地区的居民活动场所进行随机问卷调查，个别社区（村）邀请居民到居委会（村委会）访谈，回收有效问卷 325 份，调查过程完整、资料丰富、分析准确、结论可靠，得到评审专家的认可。

（2）线下问卷调查与线上问卷调查

在数字化时代，问卷调查既可以采用线下调查方式，也可以采用线上调查方式，更可以采用线上调查与线下调查相结合的方式。线下调查是指传统的纸质问卷调查。线上调查是指利用互联网技术开发的网络问卷调研平台开展调查，实现调查和分析的在线化、智能化。网络问卷调研平台有数量众多的问卷模板库，支持图片、音频、视频等文件形式，可自动进行合格问卷、废卷的归类和质量控制，通过网站、微信、微博、QQ 等网络渠道散发，自动生成统计报告，并可对数据进行交叉分层分析，具有问卷创建简单、问卷发布便捷、质量控制稳定、数据统计智能、成本低等优势。线上问卷调查平台主要有问卷星、第一调查网、调查派、51 调查网、乐调查、问卷网、腾讯问卷、简道云等，图书馆学、情报学线上调查以使用问卷星（https://www.wjx.cn）居多。

越来越多的图书馆网站设有在线问卷调查板块，调查读者的阅读需求、阅读心理、阅读行为、图书馆利用情况、图书馆服务满意度等，这类调查不是通常意义上的学术研究在线问卷调查，但其形成的数据和资料仍然可以用于相关研究。

图 4　问卷星网站首页

图 5　淄博职业学院图书馆网站的读者到馆需求调查

(3)步骤

问卷调查法的关键步骤包括选题阶段、准备阶段、实施阶段、分析阶段和撰写调查成果阶段。选题阶段的核心任务是解决要研究什么问题、这个问题是否需要研究、这个需要研究的问题是否要用以及使用哪种问卷调查法来收集数据和资料。选题不仅决定着调查的方向，而且会影响调查的过程和质量。图书馆可使用问卷调查法的选题包括读者信息行为和阅读行为、读者信息需求与满意度、图书馆建设管理与人力资源等诸多方面可测量的领域。比如张靖、徐晓莹、谭丽琼等的《现代公共图书馆服务体系人力资源保障研究之现状调查——以广州市为例》[9]，因应广州市于2015年起以地方政策法规推动公共图书馆服务体系、"图书馆之城"建设，面临人力资源保障挑战，在全市范围内调查图书馆人力资源现状，分析存在的问题，提出解决的思路。该选题具有重要性、创造性、可行性和合适性等特点，相关研究对象具有可测量性，无疑是一个非常好的可进行问卷调查的选题。

准备阶段的核心任务有调查设计、抽取样本、变量测量、问卷设计。调研设计涉及对调查工作各个方面的通盘安排，需要提出周详的实施方案，制定科学的工作程序。优秀的调查问卷具有契合研究的目的和内容、匹配调查对象、很高的信度和效度、问题少而精等特点。问卷设计时注重问卷结构科学，客观评价与主观评价平衡，题型与调查对象匹配，问答语言简洁明了，遵循行为问题在前、态度和看法问题在后的规律等；避免犯概念抽象（如图书馆价值）、问题含糊（如图书馆最需要什么）、倾向性（如图书馆是否需要全天候开放服务）、问答不协调（如你最喜欢看哪类书……经常看，有时看，基本不看）等错误。再以张靖、徐晓莹、谭丽琼等的《现代公共图书馆服务体系人力资源保障研究之现状调查——以广州市为例》[9]为例，课题组在准备阶段达成如下任务：对广州市2个市级图书馆和11个区级图书馆进行全样本调查分析，调查问卷包括编制内人员情况、非编制人员情况、新进人员资质要求、继续教育情况等内容。对170个镇（街道）级图书馆，采用两种抽样方式抽出43个样本：从11个区中随机抽出一个区，将该区所有21个镇（街道）图书馆纳入样本；根据其他10个区的镇（街道）图书馆分布、分馆建设试点、通借通还服务点设置等情况，半随机抽出22个镇（街道）图书馆，调查街镇文化站及图书室的基本情况、现有人力资源配置规模、人员配置来源、专业技术职称情况、非编制人员用工模式、学历及专业背景、继续教育情况、新进人员资质要求等内容。

分析阶段的核心任务有审核复查回收的问卷、转换录入数据、制作统计图表、进行统计分析等。在数字时代，问卷调查分析往往使用分析工具。图书馆学、情报学期刊论文中常见的问卷调查分析工具包括：SPSS系统[14]，统计分析过程包括描述性统计、均值比较、一般线性模型、相关分析、回归分析、对数线性模型、聚类分析、时间序列分析等，拥有绘图系统，可以根据数据绘制多种统计图形和地图；SAS系统[15]，分析功能包括统计分析、时间序列分析、决策分析、质量管理工具等；EXCEL电子表格，表格管理和统计图制作功能强，操作简单。

撰写调查成果阶段的核心任务是将问卷调查分析成果撰写成报告、论文或书籍，上交有关机构、在报刊发表或在出版社出版。

2.2 访谈调查法

访谈调查法是指通过与调查研究对象直接交流来收集资料的研究方法。相对于问卷调查法，访谈调查法具有应用范围比较广（如几乎所有具有认知能力和语言表达能力的人都可以成为访谈对象）、灵活性比较强（如在访谈过程中能及时根据访谈对象的反应修正访谈话题、对访谈对象的误解进行必要的解释）、成功率比较高（如能够掌握访谈的主动权，获得访谈对象的积极回应）以及信息比较真实（如访谈对象往往能够具体地描述事件或现象，真实地陈述看法，而访谈者能够通过观察访谈对象的动作、表情、声音等鉴别回答内容的真伪)等优点。当然,访谈调查法也有弊端。比如,投入的人力、物力、财力和时间较多,成本相对较高;在一些访谈调查中,访谈对象与调查人员之间往往是陌生人间的交谈,访谈对象或许有所顾虑,会影响回答内容的真实性和完整性;访谈对象对问题的回答往往会受到时间、地点、情境等影响,回答问题的标准性和重复性较弱,完整记录比较困难,资料整理压力比较大。

(1)方式

访谈调查法的方式主要有电话访谈、线上访谈、面访等。电话访谈、线上访谈要求调研人员与访谈对象约定时间,通过电话、微信、QQ、电子邮件等进行交谈,可超越时空限制,避免尴尬,成本较低,但访谈对象需拥有电话、电脑或手机,尤其是微信、QQ、电子邮件等还需要访谈对象具有基本的互联网应用能力。面访是指调查者与访谈对象面对面地访谈,能观察到访谈对象的动作、表情,便于详细掌握资料,适用于选题特别重大、题意复杂或缺乏现代通信技术和能力的研究对象。面访所耗人力、物力、财力最多,大样本量的实施难度非常大。以郭晓文、党晓红、孙玉玲的《倾听:秦巴山区蔡家坡村民文化生活访谈》[16]为例,面访地蔡家坡村位于陕西省留坝县,地处秦巴山区,遥远偏僻,留驻村民多为分散居住在深山的孤寡老人,为研究西部集中贫困山区、贫困村落和贫困人口文化生活及其与自然环境、人文历史、地域经济、人口结构之间的关系,该课题组多次历经艰辛,自驾走访八家贫困户,与20余位村干部、老年人和贫困人口进行面访,形成采访录音50多小时,调研笔记6万余字,该研究耗时一年多,调研文章真实地展现了典型贫困山村原生态的公共文化生活,为特定地理环境下的文化精准扶贫研究提供了基础素材,引起较大关注。

（2）类型

按照对访谈结构的控制度来分类，访谈调查法分为结构式访谈、开放式访谈和半结构性访谈。结构式访谈又称标准化访谈，根据设计好的访谈问卷和程序向访谈对象提出问题，然后将访谈对象的答案填写在问卷上。结构式访谈高度标准化，有统一的问题、固定的提问程序和规范的记录方式，易于量化统计，回收率高，能控制调查结果的可靠性，但灵活性弱、深入度较低。开放式访谈也称无结构性访谈，没有统一的问卷和程序，仅仅根据访谈提纲，通过与访谈对象自由对话收集资料；在访谈过程中，可随时调整访谈内容、深度和广度，访谈对象能自由表达观点，容易获得翔实的信息，但费时费力，也很难量化。在半结构性访谈中，有访谈问卷和程序，但可以根据需要向访谈对象提出其他相关问题，访谈对象有一定的自由表达空间，兼具结构式访谈和开放式访谈的优点。

一、关于岗位基本信息

问题：

……

4.请问你叫什么名字，是哪个部门的，什么岗位？

5.你的工作向谁汇报，谁指导你的工作？

6.与你同在一个岗位的同事有哪些？多少人？

7.你是否承担管理他人的工作，如果有，主要是什么岗位上的人？有多少人？

记录表：

职位名称		所属部门	
直接上级职位		同岗位人数	
直接下级职位		下级人员数	
面谈对象			

二、关于岗位设置目的

问题：

1.这项岗位最终要取得怎样的结果？

2.从公司角度来看，这项岗位具有哪些重要意义？

3.为何设置这一岗位？

4.为这项工作投入经费会有何收益？

……

17.完成岗位目标对完成部门目标和公司目标有何贡献？

记录表：

岗位设置目的：

图6　结构式访谈提纲举例

1. 参加完图书馆研修班培训后，请您用三个关键词描述自己的总体感受。
2. 您参加图书馆研修班的预期是什么？是否实现了预期目标？
3. 参加图书馆研修班，对您的图书馆管理能力提升是否有帮助？
4. 请您对图书馆研修班提出一些意见和建议（课程形式和内容都可以），以改进我省图书馆培训方式，促进图书馆继续教育发展。

图 7 半结构性访谈提纲举例

以访谈规模分类，分为个别访谈和集体访谈。个别访谈是指与访谈对象一对一面谈，类似于凤凰卫视中文台的品牌栏目《名人面对面》，访谈过程不受第三者的影响，访谈对象安全感强，访淡内容容易深入。个别访谈是访谈法中最常见的形式，特别适合于开放式访谈。集体访谈就是开调查会、座谈会，类似于凤凰卫视的品牌栏目《鲁豫有约》中的多人访谈，一般以邀请若干个访谈对象集体座谈的方式收集资料。集体访谈的访谈对象较多，往往能够集思广益，彼此对证，可以在较短的时间里搜集比较全面的信息。在党晓红、马光华、段小虎等的《岁月沧桑：抗战以来陕北姜新庄村文化生态的变迁》[17]中，调查目的地姜新庄村是地处陕西省米脂县的山区贫困村，全村常住的 241 人基本是留守老人和儿童，为探究乡村治理结构、乡村文明生长点和人口结构对村落文化生态影响，课题组翻山越岭前往该村，与一众村民坐在长凳上攀谈，获得了该村近百年的第一手文化演变材料，采用的就是集体访谈收集资料方式。而在郭晓文、党晓红、孙玉玲的《倾听：秦巴山区蔡家坡村民文化生活访谈》[16]中，对陕西省留坝县蔡家坡村 8 家贫困户、20 余位村干部以及老年人的面访采用的则是个别访谈收集资料方式。

（3）步骤

访谈法的关键步骤同问卷调查法一样，包括选题阶段、准备阶段、实施阶段、分析阶段和撰写调查成果阶段。选题阶段、分析阶段和撰写调查成果阶段的核心任务与问卷调查法相同。访谈法准备阶段的核心任务是先确定访谈对象、拟定访谈问题、设计问题呈现次序(由简单到复杂,问题之间有逻辑联系)和形式(封闭式问题或开放式问题)、确定访谈程序、制定访谈记录卡和访谈时间表,然后进行试谈并根据试谈情况修改访谈内容。实施阶段的核心任务是按照访谈计划开展访谈,要营造融洽的访谈氛围,做好访谈记录。

2.3 比较法

所谓比较法,就是按照一定的标准,对两个或两个以上的事物或现象进行比较,以寻找异同,揭示其普遍规律和特殊规律的研究方法。古罗马历史学家塔西佗(Tacitus)说:“要想认识自己,就要把自己同别人进行比较。”因此,比较一般是认识事物的基础。图书馆学研究很早就开始使用比较法,据说1627年G. 诺德就在《关于图书馆建设的意见》一书中撰写了关于图书馆比较研究的内容[18]。二战后随着图书馆界的国际交流合作扩大,欧美图书馆学领域兴起跨国度、跨文化的比较研究,20世纪50年代发展成为图书馆学的分支——比较图书馆学,出版了一些比较图书馆学论著,一些高校开设了比较图书馆学课程[19]。我国,1924年程伯群出版了《比较图书馆学》[20]。所谓比较图书馆学,就是运用比较研究法对不同国别、地区、文化背景下的图书馆问题进行研究的图书馆学分支学科,通过比较确定它们之间的共同点和差异点,分析原因,做出解释,并从中得出能够揭示客观规律的结论[19]。

比较法在我国图书馆学、情报学研究中具有重要的价值。比如,我国图书情报事业正处于转型发展的关键时期,相关政策法规的制定和完善涉及诸多方面,决策科学化的前提是对图书情报事业进行全面深刻地了解和把握,这就需要进行比较研究(如马岩、于伟、孙红亮的《中外公共文化立法:现状、特点与比较》[21]);比较研究法与历史研究法相结合,有助于从现实问题入手,追溯图书情报事业发展的历史渊源,研究其发展过程和规律(如吴青林、辛洪芹的《从近现代三部图书馆法规的比较看我国图书馆立法》[22]);通过跨国比较、跨地区比较、跨文化比较、跨学科比较等,既可以发现共同的问题,也能发现一国、一地区、一民族或某一学科等的特殊问题,有助于认清问题,促进图书情报事业发展〔如刘炜的《中外(美、苏、日)图书情报事业的初步比较——谈我国现阶段图书情报事业的发展战略问题》[23]〕。当前比较法已成为图书馆学、情报学重要的研究方法,图书情报期刊发表的相关论文越来越多。以《图书馆论坛》为例,截至 2018 年 4 月 23 日,仅 2018 年录用或发表的以比较法为主要研究方法的论文就有五篇,包括刘桂锋、钱锦琳、卢章平的《国外数据治理模型比较》,付少雄、林艳青、陈晓宇的《中国与新加坡图书情报学研究生培养比较——以武汉大学和南洋理工大学为例》,李一熹的《广州、香港和澳门流动图书馆比较研究》,邢文明、潘琦、姜勇峰的《微博与微信在高校图书馆应用的比较》,以及庄晓喆、司莉的《机构科研数据知识库联盟建设模式比较与选择》。

(1)类型

按属性的数量,分为单项比较和综合比较。单项比较是按一种属性进行的比较;综合比较是按多种或所有属性进行的比较。单项比较是综合比较的基础,综合比较更能把握本质。赵蓉英、魏绪秋的《知识图谱视角下的国内外 Altmetrics 研究比较》[24]以 CNKI 和 WoS

(Web of Science)为 Altmetrics 研究文献源,借助知识图谱技术比较国内外 Altmetrics 研究的不同,建议我国强化 Altmetrics 研究合作关系,促进 Altmetrics 知识交流,这属于单项比较;而赵蓉英、魏明坤的《可视化图谱视角下的国内外科学计量学比较》[25]以 WoS、CNKI 和 CSSCI为数据源,借助知识图谱技术,从研究热点、合作网络、学科结构三方面分析国内外科学计量学 2006—2015 年研究内容的差异,发现国内外科学计量学在发文数量、作者合作关系、学科结构方面存在差异,这属于综合比较。

按时空的区别,分为横向比较(类型比较)和纵向比较(历史比较)。横向比较是对空间上同时并存的事物或现象的既定形态进行比较;纵向比较是比较某一事物或现象在不同时期的形态,以认识其发展过程,揭示其发展规律。付少雄、林艳青、陈晓宇的《中国与新加坡图书情报学研究生培养比较——以武汉大学和南洋理工大学为例》[26]和李一熹的《广州、香港和澳门流动图书馆比较研究》[27]均属于横向比较;林回清的《初探当代民办图书馆的历史缩影——基于不同时代的典型案例比较》[28]将当代立人图书馆与 90 年前松坡图书馆进行比较,以历史回眸方式再现民办图书馆的历史缩影,寻求民办图书馆发展瓶颈的解决之道。

按目标指向,分为求同比较和求异比较。求同比较是对两类性质相同的事物或现象所具有的特征加以比较,在比较中寻找事物或现象的共同点,可让人触类旁通、由此及彼,将从一类事物中发现的原则和方法通过同类比较应用到其他事物中去,成为解决新问题的好方法。求异比较是对两类性质相反的事物或一个事物的正反两方面加以比较,旨在发现其不同点,能使获得的结果鲜明,是非清楚,有利于鉴别。通过对“求同”“求异”的分析，可以更好地认识事物或现象发展的多样性与统一性。赵蓉英、魏绪秋的《知识图谱视角下的国内外 Altmetrics 研究比较》属于求同比较[24]，而赵蓉英、魏明坤的《可视化图谱视角下的国内外科学计量学比较》[25]属于求异比较。

（2）适用条件

比较法虽然广泛运用于图书馆学、情报学研究，但并非无条件使用，其使用须满足三个条件：①同一性。比较的对象是同一范畴、同一标准、同一类事物。②多边性。比较的对象是两个或两个以上。③可比性。比较的对象之间具有一定的内在联系，具有本质上而不是表面上的共性。为了保证可比性，要重视概念的统一。以张福俊、高雪、周秀霞的《国内外数字资源发现平台比较研究——基于 Trove、DPLA、Europeana、WDL 和文津搜索》[29]为例，比较对象有 Trove、DPLA、Europeana、WDL 和文津搜索等五个，它们均是数字资源发现平台，属于同一类事物，具有本质上的共性，在资源建设情况、组织与检索、平台可拓展性等方面的比较上采取同一的标准，满足了比较法所需的三个条件。

（3）步骤

比较法的步骤包括确定选题、明确比较的主题、提出比较的标准、解释比较的内容和做出比较的结论。确定选题要明确研究什么问题，这个问题是否需要研究，这个需要研究的问题是否要用比较法来研究。明确比较的主题即清晰地指出比较什么问题。在李金芳的《中美高校图书馆开放式馆员网页的比较研究》[30]中，比较的主题非常清晰，即开放式馆员网页。提出比较的标准就是把比较对象的材料，按可能比较的形式进行排列。比较的概念需明确化，比较的数据需要精确化。提出比较的标准，根据比较标准，使抽象的概念具体化，充分利用比较材料。解释比较的内容即对比较的事实、数据进行研究，说明为什么是这样而非那样。

2.4 内容分析法

所谓内容分析法，简而言之，就是对各种文献资料的内容进行客观系统分析的研究方法。内容分析法旨在揭示文献资料隐含的显性尤其是隐性信息，对事物或现象发展做出预测，是透过现象看本质的科学方法。内容分析法源于二战时期的军事情报研究，二战后广泛运用于社会学、新闻传播、图书情报等学科。近年来我国越来越多的图书情报研究者使用内容分析法，图书情报期刊发表了诸多的以内容分析法为主要研究方法的优秀论文。比如，于良芝、李晓新、朱艳华等的《公共图书馆的使命与服务：基于内容分析法的国内外比较研究》[31]以国内外公共图书馆的部分纲领性文件、80 家公共图书馆网站信息及我国公共图书馆评估后的总结材料为文本，对国内外公共图书馆的使命陈述和服务项目进行内容分析，发现一段时间内我国公共图书馆的纲领性文献对公共图书馆的使命（或任务）基本上省略不表，当时我国公共图书馆更多从国外公共图书馆使命中借鉴发展方向和指导思想；苗美娟、刘兹恒的《近五年我国公共文化服务研究综述》[32]对我国 2010—2015 年期间公共文化服务研究进行揭示，归纳了研究取得的成果和整体特点，探讨了研究中存在的不足，提出了未来研究的方向。

（1）特点

内容分析法的特点主要包括：①定量研究与定性研究相结合。内容分析法中的定量研究，找出反映文献资料内容本质的量的特征，并转化为定量数据。不过,定量研究的数据再完美,也无法取代定性研究对事物或现象的深刻认识。定性研究与定量研究相结合,各取所长,相关分析更精确、更全面,结论往往科学、完整。②非接触研究。内容分析的对象是二手的文献资料,文献资料不会对研究者的研究行为做出反应,研究者的态度不能干扰文献资料。③结构化研究。内容分析法的目标明确,可以控制分析过程,量化与统计分析便捷。④揭示隐性信息。内容分析法能揭示文献资料中的隐性信息,如揭示某一领域的发展轨迹,探索其发展规律,据此预测其发展趋势。仍以苗美娟、刘兹恒的《近五年我国公共文化服务研究综述》[32]为例,以 1199 篇以公共文化为研究主题的期刊文献和 27 篇硕博士论文作为数据源,定量研究与定性研究相结合,发现公共文化服务具有跨学科属性,图书情报、文化、经济、新闻出版、政党及群众组织、行政、档案、博物馆等领域的机构和学者都进行了研究,高产作者及其机构主要分布于政治学和图书馆学、情报学领域,但各学科之间缺乏合作研究;政治、经济、文化等领域偏重于理论研究,图书情报领域侧重于具体实践研究;普遍强调构建政府、文化事业单位、企业、社会等多元化的参与体系,但实际上对政府和图书馆主体的研究较多,而对博物馆、档案馆、美术馆、文化馆等事业单位,以及企业、第三部门和公民参与的专门性研究非常匮乏;缺乏对公共文化服务体系的绩效评估研究;研究趋势是各学科之间加强合作研究,探索非图书馆的文化事业单位、企业、第三部门和公众的具体参与,构建评估体系,这为公共文化服务体系的跨学科、多元主体共建和可持续发展提供了理论支持和实践参考。

（2）步骤

内容分析的主要步骤包括：①确定样本。如果文献资料不是太多，建议选择全样本；如果文献资料非常丰富，则需要进行抽样。抽样方法包括分层随机抽样和多阶段随机抽样，一般涉及来源抽样、日期抽样、单元抽样等。来源抽样即对文献资料的取样，如选择书报刊、视频资料、文件；日期抽样即选择哪一个时段的文献资料进行研究；单元抽样即确定抽取文献资料的单元，可以是一段、一页、一篇甚至整份资料。②确定类目和分析单元。根据研究目的确定分类标准，分类标准包括题材、倾向性、价值观、主题等；根据分类标准制定类目，不能交叉和重复，要能回答研究的问题或验证假设。分析单元是计算描述或解释的最小元素，是具体统计的对象，往往通过查找专业词表、分类类目表、主题字顺索引等来确定。分析单位越小，收集的信息越具体，统计结果越精确。③建立量化系统，评判记录。把分析单元归入类目表；根据类目表，按照分析单元顺序，系统判断和记录各类目的客观事实和频次。④信度分析。内容分析必须经过信度分析，旨在确定分析结果的可靠度。信度系数的一致性越高，内容分析的可信度越高。⑤分析采集的数据。⑥解释结果。描述获得的数据，定性与定量相结合进行分析推断。

（3）分析方法

内容分析的方法主要包括：①比较。内容分析往往需要对有关信息单元进行不同的比较。比如，趋势比较是揭示同一个事件在不同时段的变化，从表征事件的信息的时序变化探知事件的发展规律；对同一个主题，通过比较来自不同信息源的内容得出结论；对同一个文献中不同主题进行比较，揭示其相关性和内在联系，说明同一信息源对不同事件的反应。②推断。推论是内容分析中的关键环节，出色的推论能将统计分析等前期工作成果转化为优秀的增量知识。推论包括理性推论和政策性推论，前者是指依据获得的资料和统计分析形成的变量验证理论假设或理论体系概念之间的关系；后者是指通过分析资料，发现变量间关系，提出可作为制定政策依据的推论。③基于网络的内容分析，包括按照分析要素进行分类，如词频分析、网页分析等；按照媒体形式分类，如文本分析、图像分析、视频分析、音频分析等；按网络信息主体分类，如网络信息分析、传播者分析、网络使用者分析等。

2.5 思辨研究

思辨研究是指在个体理性认识能力和直观经验基础之上，通过对相关概念、命题进行逻辑演绎推理，以认识事物或现象本质特征的研究方法。思辨研究以认识事物或现象本质属性为目的，通过归纳和演绎等逻辑方法探求事物或现象的本质属性。思辨研究建立在研究者深厚的学术功底、渊博的学识以及深刻的哲学思考基础之上，往往是知识解放与理论创造的过程。逻辑思辨需要研究者具有将具体问题抽象化、概括化等方面的能力，需要研究者具有善于思考、敢于批判的学术精神，也依赖于研究者所接受的严格的逻辑思维训练。思辨非常接近国人的基本思维方式，思辨研究是我国图书馆学、情报学研究者非常擅长的研究方法。值得注意的是，思辨研究也与开放性的学术生态密切相关，如果缺乏充分的学术竞争市场和思想竞争市场，思辨研究往往会走向堕落。在相当长一段时间内，思辨研究被滥用，走向异化，呈现庸俗化现象，饱受诟病。

（1）特点

思辨研究的主要特点包括：①思辨性和抽象性。思辨研究抽象程度高，研究对象往往属于哲学范畴，是一些不能够直接观察或直接体验的概念，只能靠研究者阐述个人的观点。思辨研究一般强调对基础概念的逻辑关系进行严密论证，通过概念推导来回答问题，文字概括、抽象。以凌一鸣的《重新审视近代西方图书馆史——以知识社会学为视角》[33]为例，该文以知识社会学视角考察图书馆史研究范式，提出近代图书馆的出现与发展路线不但直观反映社会知识体系的解构与重构，更依靠自身职能的发挥与改进参与其中。②不确定性。思辨研究的对象往往是一些概念、范畴、规律、原理等，是纯粹的思辨，内涵丰富，解释具有穿透力，但也因此存在不确定性。③不可检验性。思辨研究具有思考性、哲学性，既不可能得到精确测量，也难以证实或证伪。④思想性。思辨研究依靠研究者的逻辑思考和综合分析能力来探究事物或现象的本质，非常强调思考力，理论性、思想性强，人文色彩浓郁。

（2）适用范围

思辨研究以思辨理性为内核，以思辨逻辑为骨架，内在的思辨理性、思辨逻辑使之成为探究事物或现象本质的工具。尽管一段时期几乎所有研究者都在用思辨法来研究图书馆学、情报学所涉事物或现象，以思辨研究为研究方法的文章大量充斥在学术期刊上，但实际上并非所有问题都可以用思辨法来进行研究。在图书馆学、情报学中，思辨研究的对象一般是一些抽象的概念或命题，如图书馆性质、图书馆精神、图书馆权利、图书馆伦理等宏大主题以及图书馆空间、服务、技术等实践领域的理性拷问。比如，张晓林在国际视野下思考图书馆学的开拓创新方向，思辨核心聚焦于图书馆知识服务，相关作品包括《走向知识服务：寻找21世纪图书情报工作的生长点》《从数字图书馆到E-Knowledge机制》等[34]；范并思反思探寻中国图书馆学的现状与未来，思辨核心聚焦于图书馆学基础理论和图书馆核心价值，相关作品包括《核心价值：图书馆学的挑战》《新世纪10年我国图书馆学基础理论的光荣与梦想》等[34]；吴建中结合国际图书馆发展理念和国内图书馆实践开拓第三代图书馆概念，思辨核心聚焦于21世纪图书馆及其发展问题，相关作品包括《中国图书馆发展中的十个热点问题》《开放 交流 合作——国际图书馆发展大趋势》等[34]；而蒋永福的思辨核心聚焦于人文图书馆学、制度图书馆学等，柯平的思辨核心聚焦于知识学、知识管理等，王子舟的思辨核心聚焦于知识集合论等[34]。《图书馆论坛》近两年也发表了诸多主要以思辨研究作为研究方法的文章，如王世伟的《图书馆应当弘扬"智慧工匠精神"》[35]讨论图书馆智慧工匠的概念和理念，分析弘扬智慧工匠精神是图书馆迈向新一代智慧图书馆、进一步提升图书馆服务质量和文化软实力的需要，图书馆弘扬智慧工匠精神要注重践行敬业的社会主义核心价值观、谋划图书馆发展的创新转型、融入网络智能技术；黄忠顺的《阅读耐心的丧失与技术替代的勃兴》[36]从阅读遭遇耐心丧失与信息泛滥的夹击催生阅读替代技术的勃兴视角看数字人文的方兴未艾，人文学生态不容乐观，认为当人文学以意逆志、以心会心、灵晤对话的基础被一套数学逻辑接替后，其处理的信息之巨又完全超出人的阅读经验所能掌控的范围，极易形成技术认知霸权，使人文精神遭受贬抑；王正兴、徐红玉的《观念、形态、功能视阈下的图书馆空间重组》[37]从哲学的观念空间、建筑学与信息科学的形态空间、图书馆学的空间布局等视角分析图书馆空间重组的动因，归纳其优越性、敏感性和包容性等特点；讨论图书馆空间重组中的静态空间与动态空间、实体空间与虚拟空间、物理空间与精神空间组合要旨等。

3 研究方法选用原则

林林总总的研究方法并非都适用于图书情报领域所有研究者需要研究的所有问题，这意味着图书馆员在开展研究前进行研究规划和设计时，需要根据具体的情况，选用适合的研究方法。研究方法选用得当，往往既能提升研究质量，又能产生很高的研究效率；如果研究方法选用不当，有可能会造成研究失败，浪费大量的人力、物力、财力等，产生不能按时实现学术产出，职称评审和硕博士毕业耽误、课题难以结题、研究报告提交延误等后遗症。对图书馆员来说，一般而言，在进行研究设计时，对研究方法的选用需要综合考虑“四个匹配”。

3.1 研究方法与选题相匹配

研究方法的选用必须和选题相匹配，如此才能通过正确的研究方法来实现研究目的，否则会由于忽视研究对象的特点而盲目套用研究方法。可以根据不同类型的选题及其研究对象的特点，选用与之相匹配的研究方法。比如，在探索性研究、描述性研究、解释性研究中，探索性研究往往因为缺乏前人研究经验和理论根据，实现精细研究的难度比较大。一般而言，探索性研究选题属于小型选题，研究规模小，建议选用小样本调查、开放式访谈法、案例研究法等。描述性研究有方向、目的、规划等，这类选题往往属于中型选题，规模中等研究，建议选用抽样调查、比较研究等。需要特别提醒的是，为了研究更深入、更科学，很多选题需要采用多种研究方法。比如，小样本的问卷调查辅之以访谈法，文献计量辅之以内容分析，等等。

3.2 研究方法与研究资源相匹配

规范的学术研究的过程往往比较长，涉及人力、经费等资源投入。对同一选题的研究，选用不同的研究方法，往往意味着有着不同的资源投入。比如，全样本问卷调查与抽样调查、文献调查与实地访谈，在人力、经费的投入方面不可同日而语。段小虎、张梅、谢逸芸等为撰写《西部贫困县图书馆"因素法"财政保障研究》[38]而进行田野调查时，为充分掌握六盘山区、秦巴山区、滇桂黔石漠化地区、武陵山区、乌蒙山区、滇西边境山区、吕梁山区等七个集中贫困地区和四川藏区、南疆三地州等两个国家特殊政策扶持片区中的典型贫困县图书馆财政保障情况，前后三年中，自驾车五万多公里进行实地调研，这些地方"山高路远坑深"，调研历程惊心动魄，调研投入资源非常大，但获得的一手数据和资料十分真实和宝贵，为项目的科学研究提供了重要保障，该研究的顺利开展与该团队获得国家社科基金项目"基本服务均等目标下西部贫困县图书馆财政保障研究"资助密切相关。有鉴于此，应根据研究资源条件选择合适的研究方法，如果研究资源有限，可以选择小样本调查或选用文献研究、内容分析法等研究方法。

3.3 研究方法与研究能力相匹配

不同的研究方法对研究者提出不同的研究能力要求。如果不能熟练运用某种研究方法，却选用该研究方法进行研究，其研究过程的科学性和研究成果的可靠性可想而知。在进行研究设计时，建议最好选择自己能驾驭又匹配的研究方法；建议进行合作研究，组建研究团队时需要考虑团队成员对不同研究方法的运用能力。笔者在编辑工作中，偶尔会碰到选题好、研究方法又适当的文章，最终因研究科学性不足而被外审专家否决的情况，与作者聊到深处，部分作者会坦诚自己对研究方法并不熟悉，导致研究过程出了状况。越来越多的学术期刊实行同行评议审稿制度，一般会挑选领域专家审阅相关稿件，研究的缺陷往往瞒不过；即便侥幸能蒙混过关，文章被录用发表，其对行业和学科的发展多少会造成一定的伤害。

3.4 研究方法与时间要求相匹配

近年可谓图书情报事业发展的春天，一方面科研越来越受到各方面的重视，纷纷设置各种课题项目；另一方面公共文化事业、图书情报行业等的快速发展使得很多现实问题亟待研究，文化机关和图书情报机构往往通过课题招标来寻求解决方案，这使越来越多的研究成为课题项目。课题项目往往有时间要求，国家社会科学基金等给予的研究时间相对较长，有的长达数年；但一些横向课题的时间往往很短，笔者所见，最短的时间要求仅仅两三个月。面对这种时间限制，选择研究方法时，往往需要考虑不同研究方法需要花费的时间。

4 期刊退稿中常见的研究方法问题

一项严谨的学术研究需要有合适的研究规划、完整的研究流程、匹配的研究方法、规范的研究过程、科学的分析讨论、严谨的成果撰写等。严谨的学术研究既能造福图书馆员自身，比如实现职称职务晋级、完成课题结项、通过机构考核、获得各种嘉奖等，更好地实现职业梦想和人生价值；也能造福所在的机构和图书情报行业，比如为图书馆建设和发展中遇到的问题寻找原因、探求对策，或者为本地区公共文化建设的科学决策提供学术研究支撑。在期刊论文退稿中，出于研究方法原因而被退稿的占到非常大的比例。在笔者八年编辑工作中所退之稿件中，研究不当是最大的退稿原因类别，归纳起来，主要有四个方面的问题。

4.1 虚假研究

21世纪初，虚假研究一度大行其道，酿成社会焦点。近年随着学术伦理建设的强化，以及学术期刊逐渐推行同行评议审稿制度，加上各大网络出版平台开发了便捷的论文检测系统，虚假研究略有收敛；与此同时，道高一尺，魔高一丈，虚假研究的"魔法"修炼更精，更难发现。"魔法"浅的虚假研究要么是原汁原味的大面积抄袭，要么是拼凑后根据论文检测系统的检测结果进行文字的重构；"魔法"高的虚假研究是套用其他学科的类似研究，进行研究过程造假、研究模型造假、研究数据造假、研究结论造假等。作为应用型学科，图书馆学、情报学术研究成果往往会被作为政策法规的制定依据或用于具体机构的业务建设指导等，虚假研究假托科学研究之名，满足一己私利，贻害无穷，令人深恶痛绝。

4.2 研究流程不当

研究流程不当一般表现为：①缺乏文献调研或调研不全面，这会影响到对创新点的发现，形成重复性研究，使选题缺乏价值。②边弄材料边写，即没有完全完成研究，就开始撰写论文，写不下去时再回头继续研究；更有甚者，甚至还没有做研究，就开始写论文了，边写边弄材料。③在用研究方法研究的过程中，缺乏完整的研究环节和规范性流程，或者缺失重要的环节，或者前后环节颠倒，或者某些环节的操作缺乏严谨性，这会影响到获取资料的完整性和客观性。

4.3 研究方法不当

研究方法不当一般表现为：①选题与研究方法缺乏匹配性。在笔者所退稿件中，这方面比较常见的问题是选题大，但选用的往往是一些做小型选题的研究方法。②研究方法过于单一，研究过于敷衍。在笔者所退稿件中，相当多的研究属于小型选题，出于成本等方面考虑，研究者仅仅选用单一的抽样调查，而抽样缺乏科学性；在不多的全样本调查中，设置的题项少，且题项与选题缺乏足够的关联性，这样的研究均很难产出有价值的成果。

4.4 分析工具不当

一种研究方法往往匹配相应的分析工具或分析方式。缺乏匹配的分析工具或分析方式，就不能科学地分析获得的数据和资料，影响研究结果的准确性。在数字时代，不少机构和研究者开发了很多的分析工具，这些分析工具的使用仍然需要相应的匹配性。

5 研究方法的习得路径

学术研究是一个造福自己、造福行业和社会的严肃、严谨的事业，并非没有门槛。在当今和未来的图书情报领域，研究能力已经逐渐成为图书馆员的一项基本职业能力，以及个人职业发展的助推器，但对所有人来说,这种能力并非不用学习和探索,天生就会具有。在"学术论文退稿原因调查"中,笔者发现:①90%的被退稿作者拥有大专、本科、硕士研究生学历,出生年份主要介于1970—1990年,一半以上并不热爱学术研究,也未将学术研究纳入个人职业规划之中,是出于职称评审、业绩考核、荣誉授予、奖励提拔等需要才被迫进行所谓的学术研究、论文撰写与发表。②95%的被访者认识到科研方法的重要性,但在校读书时科研课程不多、学术训练很少,尤其是大专和本科课程体系中鲜见研究方法课程;参加工作后,相关机构的科研培训跟不上,从而自学不多,学术训练少。凡此种种,导致科研素养不强,不懂研究方法,不怎么会科研,不明白学术写作规范。针对这些情况,笔者从三个方面提出掌握研究方法、提升学术素养的对策。

5.1 高校需增强学生的学术训练

对新时代的图书情报事业而言,科研能力是图书情报工作者的基本能力之一。高校是图书情报人才的输入源,建议更多的高校要更加重视大专生、本科生和硕士研究生的科研训练,开设更多的科研课程,尤其是加强科学研究方法学习的课程,让学生得到更多的学术历练。中山大学资讯管理学院的做法值得借鉴,近年来该院在本科生、硕士生教育中设置了较多的科研课程,很多老师带着学生尤其是本科生从事研究项目,产出了一批不俗的研究成果,培养了一大批学术苗子,其中部分学生毕业后进入各类图书情报机构,短短几年就纷纷成为所在机构的科研生力军和业务创新高手。

5.2 各类图情机构应加强科研能力培训

相较于过去,近年来各级图书情报学(协)会和图书馆越来越重视图书馆员的科研能力培养，比如设立课题、开展科研培训，这对提升图书馆员的科研素养起到了一定的作用。但工作中也存在一些问题，比如科研培训更多是请专家学者或期刊编辑做讲座，传播相关知识和交流科研经验，这些培训比较零散，缺乏系统性。最关键的问题是缺乏实践性指导，学术科研就像学游泳，如果不下水，就永远学不会。建议各级图书情报学(协)会和图书情报机构制定系统化的科研培训体系；与科研机构合作，开展实操性、指导性的学术训练。

5.3 自学成长

既然科研在当今和未来是基本的职业技能，事关图书馆工作人员的切身利益，那么，每个从业人员都应通过科研来增加个人福祉、实现职业发展。若不具备科研能力，或科研能力不强，就应主动地积极通过学习和训练，掌握研究方法，增强科研能力，而不是“等靠要”，因为“等靠要”不可靠。从另一个角度讲，即便各类机构能提供科研能力提升服务，如果自己缺乏学习力，不主动，不积极，也无济于事。图书馆员学习和掌握研究方法的途径很多，主要包括：①在职攻读硕博士，接受严格的学术训练。②阅读研究方法的书籍。研究方法的书籍很多，我们身处图书馆，坐拥书城，有学习的资源条件；我们生活在数字时代，网络密布，有学习的便利条件。③参加线下研究方法培训。近年有越来越多的机构和业界专家开展研究方法培训。比如，南开大学商学院信息资源管理系徐建华教授从 2011 年起，每年均在暑假举行“图书馆学实证研究”学术会议，一方面邀请国内外专家就研究方法进行探讨，另一方面带领参会人员进行研究实践，参会的图书馆员获益匪浅，有的已经成长为学术研究高手。④参加线上培训。慕格学术、网易大讲堂等有丰富的研究方法网络课程。慕格学术开发了众多的线上学术方法训练课程，虽然收取一定的费用，但实践性强，通俗易通，广受欢迎。⑤参加学术团队，尤其是科研课题组，跟着学术团队的高手学习研究方法，掌握研究技巧。除以上诸种方法外，也建议图书馆员多参加学术社群和专业学术会议，长期浸淫在学术环境之中，有助于学术研究的知识积累和人脉搭建。

学术研究是一条漫长的道路，按照时髦的话说，在这条路上往往需要经历三个阶段，即跟跑阶段、并跑阶段和领跑阶段。对普通图书馆员来说，在学术研究上实现领跑可遇不可求，但跟跑和并跑则不可或缺。我们身处高校改革大潮和公共文化服务体系建设洪流之中，已经拥有学术研究的一只翅膀——掌握诸多的研究问题，熟悉具体的业务建设，如果再插上学术研究能力这只翅膀，固守学术研究信念，坚守学术研究伦理，持续努力，假以时日，一定会飞向学术研究的星空，成为满天学术星斗中的一颗，至少会成为某一方面的专家。

参考文献：

[1] 王子舟. 图书馆学研究法——学术论文写作摭要[M]. 北京：北京大学出版社，2017：8.

[2] 李武，王丹，黄丹俞，等. 图书馆阅读推广研究十年进展（2005—2015）[J]. 图书馆论坛，2016（12）：54－65.

[3] 范并思，王巧丽. 阅读推广的管理自觉[J]. 图书馆论坛，2015（10）：8－14.

[4] 韩彬. 阅读立法中的公共图书馆阅读推广[J]. 图书馆论坛，2016（12）：66－69.

[5] 朱明. 高校图书馆管理制度有效性的理论构建——基于扎根理论的探索性研究[J]. 图书情报知识，2016（1）：42－50.

[6] 张幼君，王翩然，金焕鑫. 图书馆管理者职业胜任力描述[J]. 图书馆论坛，2017（6）：10－16.

[7] 李斯. 公共图书馆转型背景下的噪音问题——基于微博的调查[J]. 图书馆论坛,2017(6):100 - 106.

[8] 王子舟,张歌,曾丽莹,等. 服务创新要守“本”有“度”——关于图书馆娱乐化趋向的讨论[J]. 图书馆论坛,2017(5):40 - 46.

[9] 张靖,徐晓莹,谭丽琼,等. 现代公共图书馆服务体系人力资源保障研究之现状调查——以广州市为例[J/OL]. 图书馆论坛,2018[2018 - 04 - 25]. http://kns. cnki. net/kcms/detail/44. 1306. G2. 20180420. 0043. 002. html.

[10] 徐建华,路锦怡. 2016 年图书馆学期刊问卷调查法文章分析[J]. 图书馆建设,2017(12):46 - 50.

[11] 彭克宏,马国泉,陈有进,等. 社会科学大辞典[M]. 北京:中国国际广播出版社,1989:224.

[12] 卢明芳,吴锦辉. 武陵山贫困片区本科院校信息素养教育调查[J]. 图书馆论坛,2017(9):40 - 45.

[13] 王敏虹. 广东民间音乐信息需求调查[J]. 图书馆论坛,2017(3):128 - 133.

[14] 百度百科. SPSS[EB/OL]. [2018 - 02 - 10]. https://baike. baidu. com/item/spss/2351375? fr = aladdin.

[15] 百度百科. SAS 简介[EB/OL]. [2018 - 02 - 10]. https://www. sas. com/zh_cn/home. html.

[16] 郭晓文,党晓红,孙玉玲. 倾听:秦巴山区蔡家坡村民文化生活访谈[J]. 图书馆论坛,2017(10):43 - 47,85.

[17] 党晓红,马光华,段小虎,等. 岁月沧桑:抗战以来陕北姜新庄村文化生态的变迁[J]. 图书馆论坛,2017(10):48 - 53.

[18] 梁立凤. 比较图书馆学的课题和研究对象[J]. 现代情报,2007(5):24 - 25.

[19] 百度百科. 比较图书馆学[EB/OL]. [2017 - 02 - 10]. https://baike. baidu. com/item/比较图书馆学/368 8267.

[20] 毛春霞,张俊. 图书馆学研究中的比较法——高校图书馆与公共图书馆的比较

研究[J]. 泰州职业技术学院学报,2011(5):31-33.
[21] 马岩,于伟,孙红亮. 中外公共文化立法:现状、特点与比较[J]. 图书馆,2017(10):30-34.
[22] 吴青林,辛洪芹. 从近现代三部图书馆法规的比较看我国图书馆立法[J]. 图书馆研究,2015(6):125-128.
[23] 刘炜. 中外(美、苏、日)图书情报事业的初步比较——谈我国现阶段图书情报事业的发展战略问题[J]. 图书馆,1987(3):1-7,12.
[24] 赵蓉英,魏绪秋. 知识图谱视角下的国内外 Altmetrics 研究比较[J]. 图书馆论坛,2017(5):74-80.
[25] 赵蓉英,魏明坤. 可视化图谱视角下的国内外科学计量学比较[J]. 图书馆论坛,2016(10):56-65.
[26] 付少雄,林艳青,陈晓宇. 中国与新加坡图书情报学研究生培养比较——以武汉大学和南洋理工大学为例[J]. 图书馆论坛,2018(2):50-58.
[27] 李一熹. 穗港澳汽车流动图书馆比较[J]. 图书馆论坛,2018(7):165-172,封三.
[28] 林回清. 初探当代民办图书馆的历史缩影——基于不同时代的典型案例比较[J]. 图书馆,2013(1):58-60.
[29] 张福俊,高雪,周秀霞. 国内外数字资源发现平台比较研究——基于 Trove、DPLA、Europeana、WDL 和文津搜索[J]. 国家图书馆学刊,2018(1):86-96.
[30] 李金芳. 中美高校图书馆开放式馆员网页的比较研究[J]. 图书馆杂志,2017(8):35-40.
[31] 于良芝,李晓新,朱艳华,等. 公共图书馆的使命与服务:基于内容分析法的国内外比较研究[J]. 图书馆论坛,2007(6):21-28.
[32] 苗美娟,刘兹恒. 近五年我国公共文化服务研究综述[J]. 图书馆论坛,2016(2):35-42.
[33] 凌一鸣. 重新审视近代西方图书馆史——以知识社会学为视角[J]. 图书馆论

坛,2016(2):35-42.

[34] 叶鹰. 新世纪以来国内图书馆学研究流向简评[J]. 图书馆杂志,2017(7):4-9.

[35] 王世伟. 图书馆应当弘扬“智慧工匠精神”[J]. 图书馆论坛,2017(3):51-56.

[36] 黄忠顺. 阅读耐心的丧失与技术替代的勃兴[J]. 图书馆论坛,2017(9):1-7.

[37] 王正兴,徐红玉. 观念、形态、功能视阈下的图书馆空间重组[J]. 图书馆论坛,2018(3):60-67.

[38] 段小虎,张梅,谢逸芸,等. 西部贫困县图书馆“因素法”财政保障研究[J]. 图书馆论坛,2018(1):21-35.

如何写得更好

——论文语言的逻辑架构、层次设置与提炼方向

王宗义

王宗义

论文质量的优劣，很大程度上体现于作者的语言表述方式与能力。一般而言，专业论文需要有现象描述、问题分析、经验总结、观点提炼等基本板块，这些内容的合理展示都需要通过专业化的语言给予系统表述。

应用专业语言系统表述，可以让专业读者较快地了解论文内容，迅速地把握论文作者的思路与观点，让论文在专业同行中获得高效的沟通与交流效果。因此，论文作者需要注意个人的专业思维意识建构，应在论文写作的实践过程中，逐步锻炼专业话语的应用，并在长期的写作过程中，巩固提高个人的专业文字驾驭能力。

专业论文作者的语言表达能力建设，大体需要关注三个方面。首先，作

者对所有行业内具体事物的描述，要始终保持一种客观的姿态，无论是叙述自己的岗位实践或思考，还是借鉴前人和同行的成果，都要以客观真实为写作前提，由此奠定论文质量的良好基础；其次，作者对具体事物的分析、研究，要注意维持一个理性的姿态，不让作者的个人好恶等主观情绪，影响自己对客观事物的观察与分析，确保专业论文具有科学系统的表述过程；最后，作者在对自身思考、想法等进行归纳时，必须具有从图书馆专业活动的角度提炼客观规律的专业意识，切实向专业方法与活动原理的目标努力。杜绝简单套用社会学、政治学或其他学科的话语，或是随意附会大众媒体的宣传话语，不要让专业论文充斥流行话语，变异为宣传文章。

1 文字的准确性

准确的文字表述，是检验专业论文质量好坏的第一条标准。清晰明白的语言是作者与编辑、读者沟通的桥梁，真实具体的事物过程描述是分析、研究的基础前提。因此，专业论文撰写中表达文字的准确性十分重要。

准确地应用专业文字进行论文表述，需要从事实完整、客观理性、描述严谨等方面入手，在思考与写作过程中自觉养成良好的习惯。这是保证论文质量的基础。

1.1 客观理性地面对资料

学术论文的内容主要来源于不同专业工作岗位的实践领域，是作者个人或特定科研、工作团队的研究、探索成果，也包括国内外同行的先行实践、探索，以及学界的相关研究成果。

在通常情况下，作者在初步拟定论文题目之时，大多已经对选题内容、研究方法和创新思考等形成了基本的思路，这是论文写作过程中自然存在的一个“思维先行”阶段，也是任何学术论文写作之前必然存在的准备阶段。

一旦正式进入写作阶段，作者就将面对一大批前期搜集、准备的相关资料。此时，对资料的判断与选择就十分重要。从理论上说，世间没有十全十美的事物。图书馆人的各种成功实践案例或相关的研究思考成果，存在着相对的不足或缺陷也是一种必然。因此，我们对此应保持清醒的意识，理性地对相关资料进行全面的解读和选取。所谓理性对待，就是要防止作者以其先行的主观思维影响对已搜集资料的选取标准。

在日常生活常见的宣传类文字中，一般都存在“扬善隐恶”的作者主观意愿导引，这是一种社会文化方式，有其天然的合理性，但是这种叙述方式不适用于专业论文。专业论文的任务是对客观事物进行系统完整的分析，然后做出相对比较科学的判断。对于所有客观事实，必须全面了解与把握，不能因为与作者个人的前期设想有差异，就简单删减或者视而不见。若是对客观事实采取“合则留，不合则去”的态度，论文做出的所有分析、判断都自然会产生偏差，作者笔下的结论也就失去了严肃性，论文所必备的科学性基础也会因此打了折扣。

每一个论文作者都有着自然人的正常情感，喜怒哀乐也是人之常情，要彻底摆脱个人主观意愿的影响，在理论上是不可能的。为此，作者在写作过程中要注意养成清醒的自控意识，尽量防止将个人的情感掺杂于资料选择与文字阐述中。尤其是作者面对自己的实践成果和创新思维,在征引相关资料或文献时,需要反复权衡并核对资料的可信性和完整性。特别要注意不能片面地引用支撑个人或团队思考成果的内容,或者有意无意地忽略不利于、甚至否定作者前期思考的相关资料。

在当代信息传播快捷的社会环境中,作者因为出于个人好恶,片面选取支撑自己观点的资料,刻意美化岗位实践的成果,以强化事先设定的观点等不良写作习惯,很容易为刊物编辑与专业同行觉察,只会给作者带来长时间的负面影响。

1.2 严谨细致地描述事实

专业论文是科学研究成果的一种表现方式,对论文涉及的相关事实、数据等,作者必须严肃、认真、细致地核查其真实性。

当代大部分图书馆学专业期刊的作者都来自图书馆工作一线岗位,无论是从事行政管理工作,还是从事具体业务工作,撰写论文的第一手资料大多源于自身的岗位实践,原本比较容易做到清晰明白地叙述事实。但很长一段时间以来,源于一线岗位实践的研究论文,往往呈现出“千人一面”的情况,其中的缘由需要深入探讨。

一是要拓宽宏观视野。在论文写作的资料准备阶段,不仅需要了解本馆以及本人岗位专业活动的实践与发展,同时还需要了解专业同行在同一领域的活动进展。作者需要根据自己初步确定的论述主题,有针对性地在期刊数据库等相关资源中进行一次基础文献调查,通过主题词、关键词等各种检索途径,系统获取和浏览相关文献,以弄清这一主题范畴内的研究前沿状况。通俗地说,就是要明白专业同行在这一领域曾经说过些什么,具体做了些什么,以及正在研究的是什么,等等。这样的文献普查,类似自然科学研究课题立项之前的科技查新，即作者在确定课题之前，先要弄清楚这一话题是否有开创性，或是否具备深入研究的价值，以避免话题撞车或重复研究。

二是要具备细分意识。作者在进行了文献普查的基础准备后，重新面对初拟的论述主题时，一般就能够发现研究话题还可以细分。通常，作者初设话题时的基本范畴都相对比较大，通过文献普查后，大多会发现部分内容已经有前人分析研究过，同时也能够大致了解图书馆界同行在这一话题中的研究深度如何。由此，作者就可以进行比较，看看自己的思考是否比前人或同行更深入。如果找到了这些内容，某种意义上也就意味着作者找到了问题研究的一个新的切入口，或者说是找到了自己写作思考的特定研究角度。

通俗地说，有了"文献查新"为前提，作者就比较容易地做到前人说过的话不再复述，同行已经做过或正在做的事不再自以为是创新。有了这样的前提，作者就可以从相对宽泛的研究方向，正式进入细分后的具体选题，论文主题才能聚焦于真正的研究前沿。

三是要保证真实记述。客观真实的事实描述是专业论文的科学性保障。任何问题的分析与深度思考，都需要有完整真实的事实记录作为前提，这也是专业论文与宣传报道的本质差异之一。论文的说服力源于对客观事物的彻底剖析，既要发现客观事实的优点或长处，也要看到现存事实的局限和不足，在这样的基础上描述客观事物的优劣、得失，才能获得读者的信服。

若作者为了凸显岗位工作的成绩或思考成果，夸大或美化自身岗位活动的优点和长处，隐匿其中的不足，势必导致下一步分析失去科学的前提，即便暂时能勉强自圆其说，但终究经不起历史的检验。一旦论文读者应用论文介绍的方法去尝试复制后，自然会发现其中的谬误，这对于作者而言，其后果是毁灭性的，可能今后不会再被相信。所谓学术诚信，不仅在于不抄袭、不剽窃，客观真实地描述本人专业岗位的实践探索过程，也属于这一范畴。

此外，专业论文的事实描述还需要注意描述过程的理性把握。论文写作过程中作者需要控制住自己的情感，不宜在叙述过程中，就急切地插入自己的各种想法或相关意见，形成某种“夹叙夹议”的写作方式（这样的文章属于学术漫谈）。专业论文的写作过程中，作者对于客观事物的深度分析，以及由此引发的创新思维等内容，需要安排在事实描述的章节之后，集中地、有层次地做出推理和相关分析，最后是完整的结论。这是学术论文的常规模式，也比较符合读者的阅读习惯。

1.3 完整准确地引用案例

作为入选专业期刊的学术论文，个人或集体作者的创新性思考及其观点是刊物编辑最为关注的内容。一般而言，除了少数纯推理的活动原理类研究文章，大部分源于专业岗位等实践的论文，作者提出的新思考、新观点等，都需要有相关的实践、具体的案例，提供完整的事实性支撑，才能具备基本的说服力。

作为事实支撑的案例记述，大多源于作者的岗位实践。作为实践活动的亲历者，作者平时要注意实践过程中相关资料的积累。资料的范围一般包括活动过程中的各种原始记录，如筹备阶段、实施阶段和总结阶段的各种文本材料，项目开展过程中的各种活动数据积累与存储，活动过程中应对各种意外而采取相关措施的记录，等等。这些资料的完整集聚，对于作者事后系统回顾活动过程，完整还原工作经过，总结项目得失，获取经验领悟等，是必不可少的前提，同时也是专业论文撰写过程中不可或缺的关键要素。

有些来自实践一线岗位的作者，在论文写作中引用的资料来源，大多为经过他人汇总的活动数据，或是直接取材于组织者的工作总结，这些东西理论上都属于第二手资料，作者对此要有清醒的认识。数据汇总、项目总结等活动资料，在很大程度上属于人为加工后的文献，在当代社会生活中，此类资料的真实性、可靠性往往打了很大的折扣。为此，作者在汇集论文写作的材料时，要具备寻找和掌握原始资料，即第一手资料的意识。尽量关注与收集岗位实践记录、项目实施过程相关基础材料，重点放在第一手资料的挖掘及其利用上。作者若是能以原始资料或第一手资料为起点，自行统计、独立分析，其结果的可靠性程度也会显著提高。

同样，作者在基于论文选题的文献普查过程中，对于自己主题范畴中所涉及的图书馆界前人和同行的类似实践案例、数据分析、相关成果等叙述，无论这些文献及其内容是与作者先前的基本观点大体吻合，还是与作者的初期设想有着相悖之处，都需要及时下载，按主题分类存档。

对于在一线岗位工作的作者而言，个人岗位实践获得的统计数据、活动项目总结，最终都需要提炼为一个系统完整的专业思想成果。如果论文作者的新思考、新观点仅仅依托个人的岗位实践，尽管也无可厚非，但若从学术论证的角度去观察，此类案例只能属于“孤证”，对作者的新观点或创造性思维的支撑也就必然会有一定的局限。若作者能够在论文写作过程中，同时提供文献普查获得的相关统计数据与分析，或者列出专业同行类似实践的经验和相关思考等，就能为自己的创新思维或新颖观点提供角度不同、形式多元的支撑，作者的研究成果就比较容易被读者接受，由此获得更好的专业认同。

即使在文献普查中发现一些与作者论文观点相悖的数据与案例，同样不可忽视，不能简单舍弃。专业领域中具体事物的发展轨迹不会一成不变。对于一次论文写作可能没有提供特定支撑价值的案例材料，仍然可以触发论文作者的深入思考，或用作镜鉴，继续反思本人岗位实践或思维中的缺陷与不足，为日后工作与思考的完善提供参考。我们的专业活动不会停顿，思考与探索也不会停止，长期资料积累的功效也将会随着作者实践经验的增长而不断出现新的价值。

2 表达的系统性

系统有序的表达方式，是衡量专业论文质量的另一项重要标准。作者在下笔之前，首先需要进行全文的基础构建，对拟叙述的话题有一个整体的构想。在前文所提及的问题讨论切入角度确定后，作者需要对叙述过程进行初步勾勒，从问题的提出、事物的分析、研究的结论等，建立起一个系统的表述构架。其次，作者要在资料大体齐备的前提下，明确界定拟撰写论文的问题研讨层面，以控制这篇论文的叙述范围。最后，要有全文统筹的整体思路，论文作者个人的新思考、新观点及相关结论等内容都需要与前面的问题提出、现状分析等部分形成呼应，由此形成一篇学术论文的逻辑自洽。

2.1 建立论文表达的基础构架

学术期刊上发表的专业论文，按常规而言，一般由三个基础部分构成，即设定问题的产生与由来，设定问题的各种相关角度分析，以及就设定问题提出针对性的思考。

首先,需要关注的是专业期刊论文与教学类论文的差异。目前,图书馆工作人员多半有高等教育的背景,在学校就读期间基本有过学位论文的写作经历。高学历图书馆工作者是学术期刊稿源的主要提供群体,由此也就出现了不清楚教学类论文与专业期刊论文要求之间差异的情况。

按照高校教学的需要,学位论文首先要求作者把研究课题的来龙去脉说清楚,教师通过这种方式来考察该学生是否阅读并理解了足够的特定领域文献,以确定学生是否完成了问题研究的基础资料准备工作。因此,在学位论文的第一部分,往往需要系统列举这一领域的基本文献,并能够简要复述这些文献的主要内容与观点。其次,学位论文要求学生根据现有资料,对问题进行全面的分析,通过学生对文献、资料的类分,数据、事例的梳理,相关要素的归纳等,了解学生是否具备了与学位相称的分析研究能力。由此,学位论文的问题分析篇幅相当大,如此才能清楚显示出学生的思维与判断能力,这是教授或指导老师了解学生科研能力的主要途径。最后,才是学位论文的思辨结果等问题对策表述。在前两部分达标的情况下,只要学生的逻辑思维清晰,相关结论能够自圆其说,一般就能获得通过。毕竟对于一个学生而言,学校不会在这个方面寄予过高的期望。因此,教学论文模式下完成的单篇论文,其重心大多在于资料的列举、梳理与分析,这是高等教育活动中对于学生能力考核的一个重要环节,其形式大于内容也是无可厚非。

当高校学生来到图书馆工作岗位,基于自身的岗位实践和思考,撰写论文向专业期刊投稿,希冀与同行交流时,就特别需要注意期刊论文与学位论文的基础构架差异。

学术期刊是专业同行之间的沟通与交流工具。专业机构大小不一,各自岗位工作的内容五花八门。因此,任何一本专业期刊的读者,都不会将手中的学术期刊像专业著述一般从头到尾地阅读。他们一般都是从刊物目录,或是从数据库的题名中选取若干自己感兴趣的论文,通过文摘等的阅读和筛选后,进一步决定自己是否要花费精力去全文阅读。

进一步观察与分析后还可以发现,除了少数刚刚涉及期刊论文特定主题领域的读者,根据篇名、文摘等选定阅读论文的期刊读者,大多是在这一特定领域有着长期的经验与思考积累的同行,他们对于这一问题的发展源流,实践与研究前沿的状况等也大多早已了然于胸。学术期刊上若出现教学类论文模式的长篇大论,同行读者基本是直接跳过不予理会。真正关注这一领域或话题的读者,更不会对作者的套路化陈述与常规分析感兴趣。同时,从期刊编辑的角度观察,这个常年在论文堆中生活的群体,对于这些常规化、套路化文字会自然地产生某种职业倦怠,很可能会出现读不下去,或不再愿意细读的情绪,论文的发表之路或许就此中断。因此,向专业期刊投稿的论文作者,必须把专业活动领域中的创新实践和深化思考,作为论文内容的表述重心,以此为前提构思期刊论文的写作框架。

在安排专业期刊论文的章节和篇幅时,对于拟讨论问题的相关背景资料,及其发展脉络等,应该严格控制文字篇幅,言简意赅,简单勾勒过程即可。原因如前所述,对于关注这一话题的前辈或同行而言,这些文字本是可有可无的。而对于同样刚开始涉及这一话题的同行而言,此类关于问题源流的文献、资料的介绍文字,不管论文作者如何精心演绎,也仅是对原著的解读文字,未必能完整显现文献原作者的真实意旨。因此，论文作者只需将与本人研究思考话题有着密切联系的重要文献资料，用一两句文字进行简单提示，并用页末注的方式指明原著出处即可，真正注意这一话题的同行研究者，若是不了解这些著述内容，自然会去查阅原始文献，其阅读效果也必定超出作者短短的一段文字介绍。

其次，对于论文拟讨论问题的分析，大多需要相关的参考文献或资料给予支撑。在这一阶段的论文表述中，需要特别注意的问题是防止超越主题范畴的文字溢出。为此，作者往往需要事先列出深化表述的详细提纲，以保证各项分析叙述文字紧密围绕论述主题，避免"兴之所至"而过度展开。尤其是遇到某些设计章节的相关材料较多时，要注意筛选，放弃关联性不强或内容重复的资料，让论文的问题分析、表述能够做到简明扼要。要达到这一要求，需要作者在文献普查基础上做仔细的准备工作，凡是业界同行已经讨论、分析过的内容，只要简单提及就可以了，避免重复他人已经说过的话语。同时，也能腾出版面集中用于作者本人对于这一话题更深入的，或是创新的发现。专业期刊是一个传递与交流本学科领域最新实践成果与最新思考的空间。在这个空间的文字表达，要求最大限度地体现出事物新鲜、思考前沿等特征，这是专业期刊论文的一个特定撰述要求。

再次，专业期刊论文通常是对于特定领域所存在的某个具体问题的分析，以及相关对策探讨或作者的个性化思考。在构建论文框架和系统表述的过程中，需要注意好各章节之间的表达顺序，尤其是在发现问题的各种表现，问题分析的原因梳理，与最后的对策思考三者之间，在框架设计阶段就应确立其中的关联性，这是作者检验自身论文是否做到逻辑自洽的一个重要方法。用通俗的话语表达，就是要能够做到前后呼应，前文列出的各种存在问题，文中的问题原因分析，与最后的问题对策与思考，要始终瞄准论文的中心话题，三者之间要有基本的对应。在深化表述框架时要随时将论文列举的问题，与分析、对策等文字提前做出统一安排，凡是不能紧扣话题中心，或是三者之间不能形成逻辑关联的相关资料、个人思考等要断然舍弃。作者做到这一步，就能够为论文奠定一个主题清晰、分析科学、对策鲜明的基础。

论文逻辑架构建立与逐步细化的过程，对于作者自身也是一次专业思维能力的锻炼与深化过程。有了清晰的架构设计思路，作者原先相对简单的选题设想，就可能在架构逐步深入的过程中，通过资料的筛选与分析，获得将问题进一步细化的方向。只要作者找到了方向，就有可能将讨论话题范围控制得更紧密，直至获得一个更精致的话题。

在图书馆的期刊库里稍作观察，或许发现会有这样的现象。翻开自然科学类专业学术期刊，目录上显示的大多是一个个很具体的问题；在人文社会科学类期刊的目录上，论文的主题范畴通常会相对比较大一些；而在图书馆学刊物中，则较多是从事业整体发展、专业活动系统、专业方法应用等角度设定的各种大范畴话题。这种状况形成的原因，本文无法细细分析，但由此或许可以看出不同领域的研究深入水平以及学科成熟程度。

作者在论文整体构架细化和表述层面界定的具体设置过程中，通常就能发现并调整自身论文撰写角度和研究层面。构架与程序的细化越具体，越容易寻觅和确定论文的思考与研究空间。在这样的基础上写作论文，将能够区别于专家、同行在同一领域、同一话题上已经发表的论文,避免陷入“千人一面”的境地。

2.2 控制论文表述的特定层面

当代图书馆学专业期刊论文写作中存在的另一个大问题,就是部分作者主观上缺少把握研究层面的意识,没有注意到自己计划撰写的论文在专业科学中属于何种研究层面。缺少了这一意识,在论文写作中就会出现各种反常现象。

如部分作者遇到的问题,在本专业原有的理论范畴内或科学成果中找不到合适的呼应时,就转而移植外学科的相关理论,简单移植语词相似的其他学科系统理论,试图通过这一捷径快速获得个人的学术研究成果。有些作者没有深入挖掘自身创新成果的普遍意义或科学价值,为了体现成果价值而在论文的事实叙述和成果表述中,竭力放大自身个案实践的社会效用,试图营造出一个重大问题获得解决方案的氛围,等等。

当然,更多的问题在于相当一部分作者在动笔之前,就未注意研究层面的把握。如:将应用技术问题的掌握,或具体的操作方法改良与变革,直接放到事业整体发展前景的高度;另一类是将特定工作阶段的重点项目和成果,甚至是一个工作岗位在特定环境中的一次成功实践,直接放大为图书馆业界的岗位活动准则。这样的表述方法与相关文字,对图书馆事业的科学健康发展毫无裨益,对作者自身科研能力的长远发展也是一种自设障碍。

研究层面是个比较抽象的说法,专业理论研究离不开具体事例的支撑,岗位实践提炼少不了专业理论的指引,这既是常识,也是论文作者理解与确定论文研究层面的重要途径之一。

通过单篇期刊论文与大型课题论文的比较,可以比较容易地分清和把握其中的差异。

在大型研究课题的实际操作过程中,我们通常需要事先设计若干前期准备工作,如社会背景资料调查、历史演变过程梳理、现实状况调查分析、确定研究方法与操作技术等。而课题的综合主体报告通常需要到中期成果完成后,才能基本确定主体报告的具体范围与内容,真正明确研究课题范围中已经实现或完成的事物。在严肃的大型科研项目的课题成果中,前面列举的各种详略各异、篇幅不一的前期阶段性成果,能够纳入主体报告的通常很有限,大部分具有实际参考价值的资料等,常作为主报告的附件,供报告的读者和用户参考。而课题研究中曾经应用的研究方法与操作技术,通常只在主报告中列举并简单说明,若这些方法与技术并非业界率先采用,甚至完全不予列举。因此,此类内容在专业期刊论文撰写时,也大多无须赘言。

相比之下,在专业期刊上发表的论文,除了综述性历史资料分析一类文章之外,其他基本属于单一问题研究的文字。作者在设想写作的论文的时候,必须清醒地将论文归属于一个具体的层面,是纯理论性的推导性思维陈述,还是各种岗位实践经验介绍与方法提炼,或是新技术、新方法的应用体会,或由以上事物生发出的新颖观点,等等。

控制好论文写作的基本研究层面,也是作者把握论文质量的一个重要前提。在实际写作过程中,其作用在于进一步限定论文的表述范畴,确保论文写作过程中,能够集中笔墨分析已经掌握的各种资料及相关文献,以及由此生发出的研究与思考。

若作者将拟写作的论文定位于理论研究层面,作者就需要反复阅读并深入理解前人论说的内涵,把握其理论精华,以厘清本人在这一领域的深化思考，确定论文表述的具体内容是什么，最后才是精准的文字表述过程。若论文定位于岗位工作中的创新实践，就需要仔细对比本人的岗位实践内容与相关文献资料中出现的专业同行实践记述两者之间的异同，在论文表述中首先将差异给予具体地说明，然后集中笔墨详细描述自身岗位实践中真正有创新内涵的事物。若是定位于新技术、新方法的应用，则需要在简要介绍新事物的前提下，着重对新技术、新方法的应用条件、使用效果做出详尽的表述。

以上内容若用通俗的话语表达，或可以归纳为两句话：前人已经说过的话不再重复，同行的实践只需借鉴。有了这样的主观思维导引，论文写作过程中就能减少无谓的重复话语。同时，也能预防在自身写作过程中超出自己设定的范畴，防止漫无边际的文字铺陈。

此外需要注意的是，一些图书馆学专业刊物所发布的"研究指南"类文字，可能会给作者带来相当大的误导。如部分刊物的年度研究指南，其相关条目往往是对本学科内容与研究前沿的"全覆盖"。若刊物编辑有一点哲学思考基础，就不难明白此类对专业领域与前沿研究"全覆盖"的"指南"，本身已经失去了存在的价值。论文作者则更需要注意清除此类无边际、无层面的非科学思维影响。

2.3 话语紧扣论文的设定目标

专业期刊论文的写作目的，其核心是作者需要表达自己的思想成果，或是需要告知同行一项实践创新。要有效地实现这一预定目标，就需要在文字的组织上和系统的表述过程中，始终围绕自己设定的主题和确定的表述顺序，保证文章中的所有话语都聚焦于这一中心。

在前面提及的切入角度、层面设置等问题明确之后，接着要注意的是论文在写作或论证过程中的针对性。针对性在一定程度上是属于写作技巧范畴,具有较强的实践内涵。实现针对性的文字表述大体可以分为以下步骤。

一是努力将论文内容浓缩成一个简洁的主题,并以此作为论文的篇名。

论文的合适篇名,是吸引刊物编辑关注和激发用户阅读欲望的重要一环。为此,作者在确定问题的切入角度和研究层面以后,就要根据这些前提和范围,从论文内容中提炼出一个比较醒目的篇名。一个合适的篇名诞生,与作者动笔写作的前期准备工作紧密相关,其中一般应包括下列关键要素,那就是讨论对象的范围,研究阐述的层面和分析切入的角度。具体的排列方式则需要作者根据拟写作论文的重心,或作者希望凸显的内容来决定。作者需要努力的是做到主题鲜明,重心突出,文字精准。

比较传统的标题文字的表达格式为:"范围 + 对象 + 问题",有时候作者为了突出应用的研究方法,或深度阐释所论述主题,还可以增加副标题,提供更具体的内容说明。另一种近年来比较流行的标题文字组合方式是"对象:研究角度 + 阐述层面"。根据论文内容表达的需要,作者也可以将后两者的位置互换,成为"对象:阐述层面 + 研究角度"。相对而言,传统标题格式大多应用于实践、应用类研究论文,用冒号":""+"进行区分和链接的标题格式,比较多地出现在理论研究领域。

二是论文必须提供作者个人或团队在研究某个具体问题中获得的明确结论,即展现作者在某个特定范畴中的最新研究成果。

能否提供一个清晰明确的研究结论,是每一篇期刊论文科学价值的体现,也是对作者文字能力的一个考验。前文已经多次提及,专业期刊论文多为行业内的某种创新实践的展示与提炼,为此要通过有条理的文字,首先将创新实践的过程准确、具体地描述出来,然后将创新实践的专业价值,以及在同行中应用推广的前景等,逐一进行系统表达。若是论文的重心和主题在于纯理论研究的新颖思维,就需要将创新思维的内容、与传统思维的差异、具体发展途径以及与图书馆行业发展的关联等,提供系统清晰的表述。专业论文的文字表述方式并非一定要学术化的语言。论文内容应用常用语言表达,对于业界同行之间的沟通或许更为有效,其根本目标是要让图书馆学界和业界的同行,由这篇论文获得启迪,激发相应的思考。若能够做到这一点,则论文语言本身的学术性或许就不是评判论文质量的主要标准。

时下图书馆学刊物收到的投稿,包括一些已经发表的论文,有相当一部分没有达到科学系统表述的要求。众多源于业界的实践项目或创新活动,对于工作过程的描述尚差强人意,但随之出现的偏差就是相关论述迅速脱离了自身所处的研究层面。原本应该继续进行的对专业活动自身价值的挖掘,不少论文却在此时转述了大段社会反应等宣传报道,或是一般社会学层面的议论,成为千篇一律的套话。

另外一种偏差是深化思考的方向出现了偏差。如图书馆人在机构管理、活动项目或岗位实践中发现存在的某些问题,在实践中摸索到了解决问题的创新举措,并在论文中进行了过程描述。然而在论文的创新价值分析这一最具学术性内涵的部分,主动脱离了原先设置的话题中心,花了大量笔墨去泛泛讨论如何落实这一创新举措的相关前提条件或后续思考,如相关的政策、法规制定,资金、人力资源保障乃至评价方法与体系等。由此,整篇论文的学术方向彻底丢失。

论文出现这样的状况,表明作者的思维路径与文字表达偏离了中心话题,也溢出了研究层面,导致论文在鲜活生动的成功案例介绍之后,坠入了行政性动员报告的套路。

三是要注意论证文字的合理性。专业期刊论文原则上专注于一个问题的讨论,而在岗位实践中的积累以及前期资料普查中获得的资料,大多会覆盖与主题相关的其他各种内容。这些材料在作者用于自身观点论证时能够发挥重要的支撑作用,作者在应用这些材料进行表述时,需要注意谨慎使用。

首先,应尽量通过多种渠道,查证相关参考资料、类似案例的真实性,防止以讹传讹,避免出现引用、借鉴资料不准确,难以发挥支撑效果,反而形成负面影响的失误。其次,要注意考察相关参考资料、类似案例各自的形成过程,把握同行实践过程与自身岗位活动的异同。即使是类似的专业实践项目,但不同图书馆的馆藏文献结构、资源组织水平、员工操作能力都有着客观的差异,同类项目的具体操作方式或过程通常也会具有一定的差异。作者需要深入地比较与分析,不能因为相关材料的描述语词接近或工作形式相似,就直接移植或借用他人的语言进行表述,以致出现引证失误,影响作者的论证效果。

论证文字的合理运用是作者研究过程中的深化方式之一,也是作者锻炼自身思辨和研究能力的过程。在这一阶段,需要将论文的命题设想、相关分析等进行反复梳理,寻求用最准确的语词进行系统表述。尤其在对前人、同行的文献阅读研究中,要认真比较以找到相互之间的异同,注意各种具体观点与操作方法之间的差异等。在常规的"科学研究活动"中,很大程度上都是以此逐项仔细比较为基础前提。在这样的基础上进行比较与分析，作者才能逐步明确自身实践的新鲜内容，确定需要进一步提炼的创新观点。

在这一领域中需要注意的问题，主要有两类。一是为了扩大论文篇幅而刻意铺张文字。有些作者觉得论文需要篇幅宏大才能显现出自身价值，于是在写作过程中将能获取的相关材料，包括各种理论、观点，同行的不同分析、探索，相关的数据、案例都竭力填充到一篇论文中。这样的文章表面上很充实，但在实际写作中往往因此脱离了中心话题，可能让读者也因此陷入茫茫的资料堆，难以发现作者创新研究的内容。由此，论文的专业学术价值也就在读者眼里消失了。二是论文的文字表达方式失当，主要形式是陈述语言的文学化。论文作者面对自身创新成果未能保持冷静的思绪，而将专业论文所要求的理性化归纳表述变成了激情洋溢的宣传鼓动文字。这样激情表述的后果，破坏了专业学术论文的科学严谨形象，也无端消费了自己的创新实践成果。

总之，专业论文的语言表述要尽可能应用通俗易懂的常用语言，努力做到要言不烦，把自身的专业实践以及相关领悟清晰告知同行。有些作者试图凸显自己的学术能力，喜欢袭用西方经院哲学的话语方式，在现代汉语表达的环境中，使用高度抽象的学术性语词，并且模仿西式长句，在单句文字中嵌入各种补充条件、范畴限制之类的“状语从句”。此类文字表达可以给人以高深的印象，但也可能令读者的阅读过程十分疲劳，并因此失去了阅读论文的兴趣，从而弄巧成拙，得不偿失了。

3 提炼的专业性

专业学术论文的最后部分，通常用于详尽表达作者的创新思维，总结作者基于实践成果的专业领悟或是作者对所关注的专业事物及问题的应对方法或举措等。相对而言，论文的这一部分对于文字表达能力的要求，在全文中最为突出。

论文的这一部分，在写作中需要重点关注的问题。首先，还是控制表述话语的范畴，无论是理论性探索，还是应用类研究，都需要严格限定于作者事先确定的切入角度、研究层面，在这一特定的范围内，进行专业性的学理化陈述。其次，要有从具体事物与特定角度出发，阐发这一事物对行业整体影响的拓展性思维。这一拓展的研究方式不能是横向铺开的浅层议论，而是要去深入挖掘论文涉及的案例、问题等事物在行业特定领域中的普遍性意义，以小见大，为同行的专业能力发展提供相关的启发与思考。

专业研究话语的最佳提炼目标，是向专业方法形成或专业思想创新的高度努力，这是论文作者努力攀登的较高境界。要做到这一点，并非高不可攀，只要持之以恒地在专业领域中深度耕耘，终有部分作者能够达到这一高度。对于大部分作者而言，达不到如此高度也是正常的，任何作者的论文，只要能够为专业同行提供不同程度的思考与启示，其科学价值就永远存在。

3.1 探索各种事物中的规律

一篇成熟的论文，必然建立于作者对特定专业工作领域的全面了解，以及对岗位活动内容与过程准确把握的基础上。这一基础的建立，又是以作者对自身工作与同行实践的全面把握，以及对这一话题领域的专业研究文献的系统理解等为重要前提。作者具备了这样的基础与前提，论文写作最后的理论性提升表述，也将是水到渠成的事。专业论文写作到了这一阶段，作者自身的专业意识与专业思维将开始凸显其价值。

当代众多图书馆业界的论文中，作者的专业思维与相关探索意识总体上还比较薄弱。此类思维与意识的不足，表现在论文的写作过程中，就是不太清楚“理论提升”的内涵具体是指什么，没有认清社会发展一般原理与专业活动学理之间的界限。如果缺乏上述基础理论领域之间差异的认识，在论文的理论提升阶段就可能出现较大的重心偏离。部分作者在用论文的大部分篇幅成功地描述了创新实践，并对客观事物应用传统专业方法或当代信息技术做了细致的分析之后，最后却将这一切创新实践的内在科学规律提炼，简单地归之于社会发展通用理论，专业论文在学术层面的价值也因此瞬间归零。

此类不当的文字表述大体有两种方式。一是简单地与当代社会发展的通用理论对接，虽然“政治正确”但缺乏实际意义。例如，讨论公共图书馆服务网点建设的合理性话题。此类事物的起因，离不开社会文化环境优化与行政管理举措改善等背景要素，需要给予必要的肯定记述。只是此类内容记述一般在论文的起始或前半部分，即具体问题的历史背景介绍，或相关原因分析等部分给予适当介绍即可。此类社会、经济、文化发展政策领域的研究，原本不是图书馆专业科学的内容。虽然图书馆人可能意识或观察到了一些社会现象，但这些现象背后的经济、社会、文化等诸多原因，则不是图书馆专业人员能够清晰了解的，以此为基础的社会活动理论研究也不是图书馆学专业的范畴。对于没有社会发展专业理论基础与相关专业知识背景的图书馆界作者而言，若是仅仅阅读了一些“权威著述”，看到了几份行政管理性文件，就基于自身对此类文献资料中涉及词语、文字的常识性理解，把自身岗位实践成果直接挂靠于相关话语或近似理念，以为就是将专业实践提升到理论层面了。此类研究话语偏差的结果是，作者的观点虽然合乎时尚潮流，但同时又是图书馆同行，乃至社会各界都已经清楚并获得公认的事物，此类表述也就成为当代社会中的常识性话语。此时，论文的实际效用就降低为社会流行理论的一个注释性案例，对于专业同行启迪价值阙如，对于学科建设更是毫无意义。

二是作者没能很好地驾驭学术理论表述的写作进程。主要体现在理论提炼文字的写作中表述失控，走进了工作总结一类的套路，也让自己的文字叙述超出了事先设定的研究层面。常见的现象是，作者为了某个岗位工作或活动项目的创新举措，选好了论文的核心话题，建立起了相应的表述架构，只是在最后的总结提炼中却不自觉地走出了事先设定的话题范围，面面俱到地把这一话题的相关资料全部安排进了这篇论文。例如，作者设定的论文主题原先是某个阅读指导项目中的一个创新做法，而论文在系统介绍了这一实践做法之后，试图进行一些理论提升但未能找到正确的途径。于是，就把这一活动过程中领导重视、同行配合、读者参与、媒体赞扬等，全部用作岗位活动创新成效的佐证，但从学术研究角度思考，如此广角镜下的内容对于专业理论提炼毫无助益。

将与论述主题相关的资料集聚作为作者论文的理论支撑，试图由此证明岗位实践创新的正确性，这是活动总结类文字的习惯做法，与专业性研究论文写作是完全不同的叙述途径。图书馆界作者在这一方面的失误相当普遍。此类群体性认识与撰述的偏差原因甚多,无法具体列举,主要原因则是论文作者的专业思维意识薄弱。

要克服此类问题,作者需要基于自身岗位实践,在与相关文献资料、同行活动的众多案例进行认真细致的比较中,努力养成融会贯通的能力,使自己能够在相关事物中找到具有同一性的事物。在发现具有同一性事物之后继续深入探讨与辨析,寻找到此类事物何以产生的原因。作者能够做到这一点,就进入了专业研究论文写作的学术层面。

找到图书馆专业同行类似实践活动中具有同一性的事物,分析此类同一性事物产生的不同缘由,再进一步归纳各种缘由的同一性形成路径,这就是专业活动的规律性探索。若作者的研究达到这一层次,也就达到了专业学术的较高层面。在这一范畴内,作者论证的结果不再是唯一的衡量标准。在科学研究活动进程中,科学探索的专业方法更重要。专业期刊对于论文评价的标准,也不在于专业实践与论证话语的完美吻合,编辑更多地在意论文是否提供了新的研究思路,开启了新的研究视野,或是深化了原有的研究主题,等等。

在学术研究领域,不存在绝对的真理。任何科学论证的结果,或被称为"正确结论"的观点,都自然伴生自身的客观局限。即便是被学界、业界公认的专业活动基础原理,也受社会环境、经济条件、人文水平等众多要素的天然制约。学习和理解"正确的"专业原理,前提是首先了解这些原理是在什么样的社会背景下产生的,同时也就明白了"正确理论"的社会局限。换一种表达方式就是,任何科学理论都只有在特定范畴内才有可能被公认是正确的。一旦活动范围与背景发生变化，这些理论的有效性就会被存疑，此时就需要适合不同社会背景的新理论成果以满足专业活动的指导需求。

图书馆学专业论文中，作者对客观规律的探索，并不需要证明各种岗位实践或创新做法是正确无误的。若发现客观规律与创新实践两者不完全吻合，或是学术推论无法获得圆满的逻辑论证，就认定不是理论方面就是实践活动的某一方面出了问题，这也是一种思维偏颇。因为在图书馆专业活动整体中，任何图书馆岗位实践创新都是一个具体的片断，而不同地区、层面的图书馆有着不同的社会、文化背景，有着自己独特的"生长过程"。"世界上没有两片相同的叶子"，社会生活中也不会有绝对相同的两个图书馆，作者在专业实践观察和分析中获得的"一致性"，也只有在特定角度的"聚焦"下，才能得以实现。

图书馆学专业研究领域的论文大多属于应用型研究话题，作者若是在专业意识不足和抽象思维薄弱的状态下进入学术论文的写作，就可能把一般社会发展原理当作覆盖自身行业的专业活动原理，或是把同行之间的活动模式嫁接作为专业借鉴，由此形成的论文中也就会出现"主题近似，内容类似，结论疑似"的不正常状态，深刻认识并努力改变这一现象，对于当代图书馆活动真正步入科学发展轨道具有重要意义。

3.2 挖掘个案中的普遍价值

论文撰写进入归纳总结并向专业理论提升的阶段，需要注意的是能够系统地说清楚个案事物的普遍价值。若作者在此前确定切入角度，设定特定层面的过程中，已经把论文讨论话题中的事物进行了系统的梳理，也进行了相当程度的细化分析，此时的关注点就是要深度挖掘所阐述事物的内在价值，并且从先前特定的角度去寻找岗位实践在同类事物中的普遍意义，这是论文进行理论提升过程中的重要铺垫。

前文已经提及教学类论文与专业期刊论文的差异。对于专业期刊而言，其职责是专业学术的最新实践与观点的交流。因此，论文在专业期刊获得发表可能的前提主要在于其创新性，这是刊物编者面对来稿时的首要选择标准，也是刊物读者希望看到的内容。

期刊论文的创新性可以从多个方式体现，个案的创新内容也可以有多个展示角度的选择。若是对自身岗位实践创新活动的具体描述，以供专业同行参考，在文字处理中把握真实、具体、系统、规范等基本原则，相对比较容易做到。关键在于展示作者观点的新颖性，这是时下部分投稿作者不容易把握好的部分。很多来自于业界的作者习惯于依托前人、名家提供的现成话语和思路，将自身的岗位实践创新简单地镶嵌于社会或业内的流行话语口径，以为这就是“理论与实践相结合”。此类传统宣教机制下形成的写作模式，在相当程度上成为一种集体性的思维定式，作者在一定程度上失去了独立思考的能力，人云亦云成为一种惯性。也有相当一部分作者，在行业内缺乏提炼自身专业活动规律意识的大环境下，转而走向借用其他学科理论话语，试图借用其他学科的权威理论和研究方法，甚至依赖社会科学研究领域中的新鲜话语，希望以此彰显论文写作的理论水平。只是在当代社会信息交流技术高度发达的大环境下，此类取巧的做法没有任何意义。

基于图书馆专业工作领域的“项目创新”类论文，在当代各种专业刊物收到的来稿中比例最高。因为刊物编辑与论文作者各自所处的岗位与视野有差异,很容易发现来稿中内容雷同,以及“创新”模式的简单复制现象。此类论文大量出现,主要问题在于作者在确定研究角度,界定阐述层面之前,文献资料普查工作不够扎实,“查新”阶段的功课没有做好,不能发现和揭示自身实践与同行活动中的具体差异,无法把自身实践中真正具有创新性的内容阐述清楚。此类缺失需要作者在角度、层面上进行调整,通过更深入的分析与挖掘,找到真正具备创新性的内容。比较困难的是作者自身的资料整理、分析能力有限,面对大量资料但无法找到专业同行的类似活动与自身岗位项目之间的具体差异,因此撰写的论文也就不可能做到展示自身专业实践的特色或创新。换到刊物编辑角度来看,就是重复了他人的实践或思考,论文也就没有了发表价值。

任何一种社会活动的进程中,真正具有创新内涵或价值的独立工作项目是较少的。大部分专业实践的“创新”,多是在现有的工作基础上,获得的完善或改进。由此,作者的主要任务是找到此类完善或改进的事物,并将它从常规项目中单独地分解出来,进而列为主题进行分析研究,形成具体的专业论述话语。图书馆业界的专业研究需要朝这个方向去努力,才能改变论文著述“千人一面”的怪象。作者只需要把自身实践中具体的细节完善方式或操作的实际改进方法抽取出来,进行系统完整的阐述,其创新内涵就自然会被同行了解,无须去寻求新颖语词进行标注。

对于基于实践活动过程中的各种方法完善或操作改进等内容,进行理论提炼的基本方法在于努力去寻找并发现这些做法在同行的实践中是否具有普遍的借鉴作用和启发价值。论文能够将此类具有普遍意义的内容系统表述出来,自然就形成了作者独有的新颖观点。

若能够继续上升一步，就迈向专业理论创新的台阶了。

论文所描述的实践活动与相关事实中普遍性意义的探索，重点在于寻找论文介绍的自身实践个案与图书馆事业或专业活动之间的关系。论文所提供的相关实践成果，或是一个项目完善过程，或是一种活动细节调整，能够为专业同行面对的共同问题，提供一个基础的解决或完善思路、方案等。按常理，学术期刊发表的所有专业论文，都必须具备回应行业中普遍性问题的特定要素，才具有真正的科学价值。

论文作者还需要注意的是，关于普遍意义的文字表述程度与范围必须恰如其分，不能无限放大。前文多次提及了讨论问题的切入角度、研究层面的明确界定，在寻找与阐述普遍性意义的文字撰写过程中，更需要把握好这两个基本尺度。在特定的角度和层面中深入挖掘与归纳，就是为专业活动理论做一砖一瓦的基础建设。作者在写作过程中获得的独立研究思路，磨炼的清晰明白阐述，也是专业论文写作能力的提升过程。

在理论提升，或普遍意义探索的写作阶段，最需要消除的简单化思维是：把岗位实践或新颖思维中的普遍性内涵探索，简单异化为套路化的宣传文字。近几十年的图书馆学应用类研究论文中有不少作者走了这样的弯路，习惯把岗位实践成果的专业价值探索，直接与“精神文明建设、信息经济、知识时代……”等文化宣传类话语挂钩，走进了宏大叙事的虚幻套路。时间稍长，同行们就会自然地发现，以社会发展通用理论替代专业学科探索的思维，无法给图书馆事业和专业活动提供真正的科学助益。

基于实践成败的经验或教训也很重要，有效的专业方法发现和成功的理论提炼，能够让众多图书馆，乃至整个系统、行业获得共同的教益。在这一环节中需要始终保持清醒的专业思维，拒绝社会流行语言的标签化归纳，不要白白糟蹋了成功的创新成果。

3.3 提炼专业活动的原理

图书馆学专业学术论文写作的最高境界是凝练出图书馆科学的基本原理。基础理论类文字在同行们的眼中往往觉得比较高深，普通论文作者也常常因为对基础理论的内涵缺少了解而敬而远之。实际上，任何一项专业活动的基础原理都存在于行业的基础实践之中。前人在以往的专业实践上形成的理论成果，仅仅代表行业历史过程中的专业活动能力与认识水平，及其在这一基础上形成的科学认知。当代作者要消除专业原理研究的神秘感，将基于自身岗位实践创新的感悟，有效地转化为相应的专业活动原理性表述。

当代图书馆学界在基础理论研究领域的发展相对趋于冷清，形成这种状态的原因很多。其中比较突出的，就在于图书馆界近年来过多地用社会发展的一般理论去解释图书馆行业的各种创新实践的动因与成效。此类理论话语方式的流行自然导致专业理论提炼的价值被忽视。

在当代图书馆学专业理论领域中，貌似神圣但实质空洞的话语误区并不稀见。如图书馆学界常把“图书馆是一个生长的有机体”之类话语，提高到图书馆活动的科学原理层面去膜拜。但只要换个视角稍作推究，就可以发现这句话仅是常识性认知的一种抽象表达。“生长的有机体”从话语方式上看，似乎形象生动，无可指摘。只是我们观察一下周边的社会生活环境，就可以发现人类社会生活中的任何具体行业，都有一个自然产生，逐渐发展，不断壮大，直至衰亡或专业性质发生转换的过程。图书馆行业如此,同在社会文化服务活动领域的博物馆、文化馆是如此,延伸至社会生活中各种教育文化机构,继续放眼社会分工的所有行业,可谓“放之四海而皆准”。此类从特定角度覆盖全社会的抽象描述话语,与图书馆科学原理研究没有多大关系。

因此,图书馆人若有志从事专业理论研究,需要有一点哲学思维基础。图书馆学是在社会活动分工基础上产生的一种科学,其研究对象是特定专业活动的发展原理,它与社会发展一般原理之间有着根本性差异。作者在论文的理论提炼过程中绝不能因为语词相同或语义近似,就简单地将社会发展一般原理或外学科专业原理简单地移植或替代本专业的基础原理研究。进入图书馆专门活动理论提升的写作领域,在不同层面上、不同领域中的理论性话语表述,要注意把握一些基本原则。

理论层面的写作一般分为纯理论层面的推导和专业实践提炼两种类型。前者是指纯思辨性的理论探索和学术争鸣等,后者则是从专业实践中探索事物的客观规律,对其梳理后进行的系统性表述。

纯思辨性的理论研究文字,大多是按照科学的共同原理,对专业活动的特定事物从事物发展逻辑角度进行各种推理性探索。此类论文一般不涉及图书馆专业领域中各种具体的业务问题,而是基于图书馆行业中某种特定现象的宏观分析、深度思考与观点表达。写作这方面论文的作者通常需要有科学抽象、逻辑思考等基础能力。当代图书馆学刊物的理论思辨类论文成功者不多,存在的问题大多是作者没有真正把握哲学、社会科学领域相关语词概念的内涵,或是没有完全理解其他学科语境中类似专业词语的特定意蕴,就匆忙地按照日常用语的浅层次了解，直接以附会方式应用于图书馆学研究，由此获得的思辨结论往往只有哗众取宠的短暂实效，经不起历史和实践的考验。改善此类问题的途径，在于作者要有提升自己的哲学思维能力的主观意识，为写作思辨性研究论文奠定基础；同时在思辨性论文的撰稿过程中，要关注不同学科原理之间的差异，在类似的语词中界定各自的专业范畴，让图书馆学原理的成功探索给同行以真正的科学启迪。

专业研究话语的差异性探讨，即理论研究范畴内的争鸣类论文，原本是比较容易吸引刊物读者眼球的内容。只是在近年来的社会大氛围中，论文作者往往不愿意直面问题，准确点明各种观点之间的差异，深入分析各种思维差异引发的专业现实状态，而只是抽象地将不同观点简单地进行罗列，不做得失利弊的判读。于是，刊物编辑和论文读者都无法弄清作者对不同观点的态度（赞成还是反对）。论文的科学价值因此自我弱化，也降低了论文的学科影响力。

学术观点的差异与分析脱离了具体的对象分析，就容易变成空洞乏味的议论。作者在撰写此类论文的时候，不仅自身的观点与思考需要有足够的专业实践数据与案例支撑，对于自己所持异议的不同观点，在分析、辩驳的时候，也要对其依据的事实或案例进行追踪，了解不同观点与具体事实之间的联系。如此，学术争鸣类论文才有价值，同时要防止情绪性宣泄文字出现，保持学术争鸣的科学理性姿态。

立足于实践创新的理论提炼论文，作者要努力强化自身的专业意识。作者在搭建论文架构时就要把研究与探索的重心，聚焦于探索专业活动的内在特有规律。在具体的写作过程中，需要详细阐述作者自身思考与以往的思维成果、当代流行话语的具体差异。只要作者能够把此类专业思考的相互差异,在论文内容中进行了清楚的表述,并在论文篇名对此类差异进行了突出揭示,就无须在篇名和内容中标明“创新”二字,读者自然能从阅读过程中体会论文的创新内涵,这是一种比较高的写作境界。

专业论文的创新价值需要通过作者新颖观点的表述文字获得体现。需要注意的是文辞的标新立异不等于观点新颖。当代图书馆学专业论文中的一种不良倾向是“搭车上路”,只要大众媒体上出现了一种流行语词,就有作者出于对流行话语的简单文字理解,匆忙炮制语义相关的“图书馆学创新理论”,其科学性自然阙如,原因不说自明。

水无常势,兵无常形。关于论文的语言、文字应用的专业著述众多,都能给读者相应的启迪。各个图书馆此类图书也多有收藏,是论文写作的主要指导教材。本文仅是从专业刊物编辑的角度,围绕图书馆学专业期刊论文的写作,提供一点参考意见。专业同行若因此获得些许帮助,则不胜荣幸。

如何规范写作

——学术论文规范概述

吴澍时

吴澍时

学术规范，是指学术共同体内形成的进行学术活动的基本规范，或者根据学术发展规律制定的有关学术活动的基本准则，它涉及学术研究的全过程以及学术活动的各方面。广义上讲，学术规范包括研究规范、评审规范、批评规范、管理规范等；狭义上讲，学术规范专指研究规范，即学术成果创作和呈现过程中的规范。本文主要阐述学术论文规范。

1　学术规范释义

《辞海》(2009 年版)：学术，“指较为专门、有系统的学问”。现代意义上的“学术”(Academic)概念，是从西方引进的，从字义上解释，“学术”包含两层意义：一是指学问、道理、真理，是认识的对象和目标；二是指获得学问、道理、真理的过程、方式。从中国传统意义上讲，学术有时特指人文社会科学，中国传统观念视文章典籍的研究为学术，而视科技活动为“雕虫小技”。从广义上说，学术涉及整个知识领域，既包括自然科学，也包括人文社会科学。学术研究则指文理各学科的探讨。

规范，据《辞海》主要有两个含义：①标准，法式，如道德规范、技术规范、语言规范；②模范，典范。就学术论文规范而言，更多的是指第一个含义，当然一个好的学术研究成果也能起到模范、典范的效用。

学术规范是保障学术研究正常进行，并履行其社会责任的前提。学术研究的目的，“当然是要有所发现、发明，有所开拓、创新，是为了把学术不断推向前进。因而，开拓和创新，既是学术研究的出发点，也是它的归宿”[1]。学术研究，从小的方面来说，是研究者为了解决某一问题，无论是理论问题还是实践问题，而进行的一种探索活动；从大的方面来说，“学术乃天下之公器”，学术是人类一种创造性的实践活动，最终目的是要推动社会发展，人类进步。

2 中国古代对于学术主体和学术实践有着极高的要求和严格的规范

关于学术规范的研究有这样的一些表述：“我国关于学术规范的研究和建设，开始于20世纪80年代。”“新时期学术规范讨论肇始于20世纪80年代中期。”“20世纪90年代以来，随着学术自主意识的日益增强，中国学术界，包括科技界和人文社科界一直在提倡遵守学术规范，促进知识积累与创新，淡化成果数量，重视成果质量，以纠正抄袭、剽窃、低水平重复等学术失范、学术不端及学术腐败现象。”[2] 这些表述并不准确，应该说20世纪八九十年代以来，针对学术界存在的各种学术不端现象，更加强调要遵守学术规范，同时“学术规范”成为学界的一个研究课题。

中国古代对于学术主体和学术实践有着极高的要求和严格的规范。古代学术研究一直有尊重前贤成果的传统，以儒家典籍和学说的注疏为例，自汉代以来儒学成为学术研究的主要对象，任何注或疏都注明作者，原文与注释、注释者和传播者绝不相混。即便是名不见经传甚至是有名无姓的作者，只要其研究成果有可取之处，而被后世学者援引，亦无不标以嘉名，在陈述自己见解时，则以“×案”的形式别之。这样做的目的，一是不掠人之美，二是表示“公私分明，责任攸归”。作为传统学术重要一支的校勘学和传统学术主要社会表现形态的文献注疏考释，莫不如此[3]。以下举三例说明：

例一，唐代颜师古为《汉书》作注时，本着“凡旧注是者，则无间然，具而存之，以示不隐”的原则，收录了二十三位前人的注释。

诸家注释，虽见名氏，至于爵里，颇或难知。传无所存，具列如左：

荀悦字仲豫，颍川人，后汉秘书监。（撰《汉纪》三十卷，其事皆出《汉书》。）

服虔字子慎，荥阳人，后汉尚书侍郎，高平令，九江太守。（初名重，改名祇，后定名虔。）

应劭字仲瑗（一字仲援，一字仲远），汝南南顿人，后汉萧令，御史营令，泰山太守。

伏俨字景宏，琅邪人。

刘德，北海人。

郑氏，晋灼《音义》序云不知其名，而臣瓒《集解》辄云郑德。既无所据，今依晋灼但称郑氏耳。

李斐，不详所出郡县。

李奇，南阳人。

邓展，南阳人，魏建安中为奋威将军，封高乐乡侯。

文颖字叔良，南阳人，后汉末荆州从事，魏建安中为甘陵府丞。

张揖字稚让，清河人（一云河间人），魏太和中为博士。（止解《司马相如传》一卷。）

苏林字孝友，陈留外黄人，魏给事中领秘书监，散骑常侍，永安卫尉，太中大夫，黄初中迁博士，封安成亭侯。

张晏字子博，中山人。

如淳，冯翊人，魏陈郡丞。

孟康字公休，安平广宗人，魏散骑常侍，弘农太守，领典农校尉，勃海太守，给事中，散骑侍郎，中书令，后转为监，封广陵亭侯。

项昭，不详何郡县人。

韦昭字弘嗣，吴郡云阳人，吴朝尚书郎，太史令，中书郎，博士祭酒，中书仆射，封高陵亭侯。

晋灼，河南人，晋尚书郎。

刘宝字道真，高平人，晋中书郎，河内太守，御史中丞，太子中庶子，吏部郎，安北将军。（侍皇太子讲《汉书》，别有《驳义》。）

臣瓒,不详姓氏及郡县。

郭璞字景纯,河东人,晋赠弘农太守。(止注《相如传序》及游猎诗赋。)

蔡谟字道明,陈留考城人,东晋侍中五兵尚书,太常领秘书监,都督徐、兖、青三州诸军事,领徐州刺史,左光禄大夫开府仪同三司,领扬州牧,侍中司徒不拜,赠侍中司空,谥文穆公。

崔浩字伯深,清河人,后魏侍中特进抚军大将军,左光禄大夫,司徒,封东郡公。(撰荀悦《汉纪》音义。)[4]

例二,张舜徽先生选编《文献学论著辑要》,收录清代学者陈澧的"东塾未刊遗文"《引书法示端溪书院诸生》一篇,这是我国古代关于引文方法的专论。篇幅不长,照录如下。

说经之文与时文不同者,时文不能引书,说经之文,则必须引书。引书有引书之法,得其法则文辞雅驯,不愧为读书人手笔;且将来学问成就,著述之事亦基于此矣。其法本不难知,今为初学者详述之:

一、前人之文,当明引而不当暗袭。曲礼所谓必则古昔,又所谓毋剿说也。明引而不暗袭,则足见其心术之笃实,又足征其见闻之渊博。若暗袭以为己有,则不足见其渊博,且有伤于笃实之道。明引则有两善,暗袭则两善皆失之也。

一、引书须识雅俗,须识时代先后。书之雅者当引,俗者不可引也;时代古者当先引,时代后者当后引,又或不必引也;在精不在多也。若引浅陋之书,则不足以登大雅之堂矣。

一、书之显赫者，但当举其书名；亦有当举其人之姓氏者；其次则当兼举其字、或号、或官、或谥；若其人其书皆不显赫，则举其名；此当斟酌于其间也。文字之内说古人，亦当斟酌。

一、所引之书，卷帙少而人皆熟习者，但引其文可矣。否则当并引篇名，或注明卷数，以征核实。

一、引书数条，固当以时代先后为次第。然亦不可尽拘，有以此一说为主，以彼一说佐之者，有以此一说牵连彼一说而出之者，则当审其文义以定其次第也。

一、所引之书，其说甚长者，当择其要语，或不必直录其文而但浑括其意，如孔疏引郑注有云郑以为者，此亦引书之一法。

一、引书必见本书而引之。若未见本书而从他书转引者，恐有错误，且贻诮于稗贩者矣。或其书难得，不能不从他书转引，宜加自注云：不见此书，此从某书转引。亦笃实之道也。若其书已亡，自当从他书转录，然亦必须注明所出之书也。

一、引书之后，继以自己之语，必加案字或据此云云。如引书多，不每条如此，亦须斟酌文义，使自记之语与所引之说，不相混淆。

一、引前人之说而加以称赞，必须斟酌。如郑君、朱子之经注，许氏之说文，马班之史书，何待称赞者。必须称赞，则其语须简而实，如以浮辞称赞则愚矣。

一、前人之说，有当辨驳者，必须斟酌语气。如郑君、朱子之书，亦岂能无误。但当辨析，不可诋諆。即辨析亦当存尊敬之心。如注周礼不从先郑之说者，但曰玄谓云云，此当奉以为法者也。若其人不必尊敬，其说又乖谬足以误人，则当正言斥驳，仍不可

加以漫骂,致有粗暴之病。至其人其书皆无足轻重,则更不必辨驳矣。(东塾未刊遗文)[5]

例三,现代语言学家杨伯峻先生《春秋左传注·凡例》关于注释的说明:

> 注释尽量采取前人及今人研究成果及近代发掘资料。前人解说,论证可信而文字不繁者,则引用原文。不然,则加改写。若于原文有所删削,便注明"详"某人某书;若于原文略有增改,则注明"见"某人某书;若因前人之说启我之心,论证多自己出,则注明"本"某人某书;若于原说并不全用,则注明"参"某人某书。书名长者,初见时举其全名,以后或用简称。简称亦载于"引用书目"。至融合前人之说,其论证为前人所常见;或为著者之心得,概不注明。注明者,示非剿窃。不注明者,示学术为公器。[6]

以上三例都是从传统文献注释的角度讨论引用规范。引用规范是学术研究规范的重要内容,是联系科学继承与创新的重要纽带。在学术论文写作过程中,学习、借鉴、吸收他人的成果是学术研究的基本规范,也是学者必须遵守的基本道德准则。

3 学术论文规范的主要内容

学术论文是学术研究成果的重要呈现形式之一,学术论文的规范主要包括:选题的规范、题名的规范、摘要的撰写规范、关键词的使用规范、文章结构的规范、引文和注释规范、图表引用的规范、参考文献格式规范、署名和致谢规范。其他细节方面还有：章节标注规范、汉语拼音使用规范、数字使用规范，等等。

3.1 选题的规范

关于图书馆与情报学学术论文的选题，从规范的角度来看，选题要有意义，内容要有创新，结论要有贡献，否则其他一切规范都是空谈。

《科学技术报告、学位论文和学术论文的编写格式》（GB 7713—87）对于学术论文的说明是："学术论文应提供新的科技信息，其内容应有所发现、有所发明、有所创造、有所前进，而不是重复、模仿、抄袭前人的工作。"

作者在选定某一领域的研究主题时，应对该领域的学术研究状况有个全面的了解，弄清楚哪些问题已经解决，哪些问题已部分解决，哪些问题尚无人涉猎。或者在研究方法上，前人已经使用了哪些研究方法，是否可以借鉴、引进新的研究方法，包括其他学科的研究方法，以推动本领域学术研究的进步，目的就是在总结已有研究成果的基础上有所创新，研究成果能对图书馆与情报学学术研究和图书情报事业发展有所推动。关于图书馆与情报学学术论文的选题现状，本书第一章有详细论述。

3.2 题名规范

《科学技术报告、学位论文和学术论文的编写格式》关于题名的说明是：题名是以最恰当、最简明的词语反映报告、论文中最重要的特定内容的逻辑组合；题名所用每一词语必须考虑有助于选定关键词和编制题录、索引等二次文献，可以提供检索的特定实用信息；题名应避免使用不常见的缩略词、首字母缩写字、字符、代号和公式等；题名一般不超过20字；在必要时可用副题名作为引申或说明。

学术论文的题名以简洁为易，能反映文章的核心内容，切忌过多使用限定词，导致冗长拖沓。为方便国际交流，应提供与中文相对应的翻译准确的英文标题。

3.3 摘要和关键词规范

（1）摘要规范：摘要应具有独立性和完整性，读者不必阅读论文的全文，通过摘要就能获得必要的信息。摘要中有数据、有结论，是一篇完整的短文，可以独立使用，可以引用。摘要的基本要素包括选题意义和目的、研究方法和过程、研究结果或结论。

学术论文摘要包括报道性摘要、指示性摘要和报道—指示性摘要三种形式，不同类型的学术论文有不同的摘要撰写要求。

报道性摘要指明一次文献的主题范围及内容梗概的简明摘要，相当于简介。报道性摘要一般用来反映论文的研究目的、研究方法、简要过程及主要结果与结论，在有限的字数内向读者提供尽可能多的定性或定量的信息，充分反映该研究的创新之处。学术论文要有创新，要有经得起检验的与众不同的方法或结论，才能引起读者的阅读兴趣。

指示性摘要指明一次文献的论题及取得成果的性质和水平，其目的是使读者对该研究的主要内容（即作者做了什么工作）有一个概括性的了解。创新内容较少的论文，可写成指示性摘要，一般适用于学术性期刊的简报、问题讨论等栏目以及技术性期刊中概括地介绍论文的论题等情况，使读者对论文的主要内容有大致的了解。

报道—指示性摘要是以报道性摘要的形式表述论文中价值最高

的那部分内容,其余部分则以指示性摘要形式表达。

一篇文章的摘要是至关重要的,是题目之后首先被读到的信息。摘要的作用是读者不通读全文,即能了解文章的主要内容,领会到其创新之处。一般来说,图书馆与情报学领域的研究型论文推荐使用"报道"性摘要,即要包含选题意义或目的、研究方法和过程、研究结果和结论等几个结构性要素。评述性论文从严格意义上讲,不属于研究型论文,摘要形式可不受结构式摘要的限制,可直接陈述评述主题的背景、主要内容和观点,但不要写成指示性摘要。学术论文摘要中最好不要用"提出了……,分析了……,总结了……"等描述句式,不要用"在……方面做出了贡献"或"为……提供了帮助"等评价性语言。

为方便国际交流,应提供与中文摘要相对应的翻译准确的英文摘要。有些期刊使用中文短摘要、英文长摘要,则要根据不同期刊的要求,准确翻译英文摘要。

(2)关键词规范:关键词是为了文献标引而从论文中选取出来的用以表示全文主题内容信息款目的词汇,它揭示学术论文最核心的内容,是文章基本学术思想的提炼和概括。关键词的选取可使用《汉语主题词表》或其他词表提供的规范词,也可根据论文的研究内容使用任意词。一篇学术论文一般选取3—8个关键词。为了国际交流,应标注与中文对应的英文关键词。

关键词要选取具有检索特征的词,要具有专指性,一些泛意词不适合用作学术论文的关键词,如"目的""方法""概念""意义"等。

关键词在排序时应体现一定的层次关系,将研究主题的范围由大到小排列,如"图书馆史""基层图书馆史""山东""民国时期",读者通过关键词即可以看出文章的主要内容是关于民国时期山东基层图书馆的研究，总的划归“图书馆史”的研究范畴。或者突出中心词，如“数字人文”“基础设施”“数字图书馆”，这篇文章关键词突出“数字人文”这个中心词，而研究内容与“基础设施”和“数字图书馆”紧密相关。另外，要将表达同一范畴概念的关键词相对集中，意义紧密相连的关键词位置靠拢，使关键词的逻辑组合能准确起到提示论文主题的作用。

关键词的标引不规范，会直接影响读者对论文的理解，影响文献检索的结果和文献的查全率及查准率，也会影响文章的利用率和引用率。

3.4 结构的规范

虽然文无定体，学术论文的结构有不同类型，但是学术论文有一定的研究范式，要有基本的结构。《科学技术报告、学位论文和学术论文的编写格式》对学术论文的结构有详细的规定。一般学术论文的主体部分之前应包括题名、责任者、摘要、关键词，主体部分包括引言、正文、结论、致谢、参考文献等。关于主体部分的结构，不同类型的学术论文有不同的要求。如对于研究论文（Research Paper）而言，在引言之后，要有文献综述、研究方法、研究过程、研究结论、局限和讨论，然后是致谢、参考文献等。综述评论（Review）和观点交流（Discussion Paper）类论文的正文部分可不受以上结构的限制。

学术论文的章节采用阿拉伯数字分级编号。

3.5 引文和注释规范

在上文论述选题规范时，说明要对所选题的领域有个全面的了解，学术史的回顾，即文献综述就是为了完成这一任务，而在作学术史回顾的过程中，就必须要引用已有的研究成果。

2004 年，教育部颁布的《高等学校哲学社会科学研究学术规范（试行）》第七条："引文应以原始文献和第一手资料为原则。凡引用他人观点、方案、资料、数据等，无论曾否发表，无论是纸质或电子版，均应详加注释。凡转引文献资料，应如实说明。"第八条："学术论著应合理使用引文。对已有学术成果的介绍、评论、引用和注释，应力求客观、公允、准确。伪注，伪造、篡改文献和数据等，均属学术不端行为。"

2009 年，教育部社会科学委员会学风建设委员会编的《高校人文社会科学学术规范指南》，列出八条学术引用规则：①引用应尊重原意，不可断章取义；②引用应以论证自己观点的必要性为限；③引注观点应尽可能追溯到相关论说的原创者；④引用未发表作品应征得作者同意并保障作者权益；⑤引用未成文的口语实录应将整理稿交作者审核并征得同意；⑥学生采用导师未写成著作的思想应集中阐释并明确说明；⑦引用应伴以明显的标识，以避免读者误会；⑧凡引用均须标明真实出处，提供与引文相关的准确信息。

关于引文和注释规范，各种文件文本提出要规范引用，但如何规范，在细节方面如何操作，这方面一直缺少一个学术共同体认同并能在全国范围内推行的标准。国内大多学术期刊关于引文规范的内容，用几句话说明引文注释的重要性之后，就是关于参考文献格式的说明，也就是参考文献著录规则。实际上，在写作过程中，关于引文和注释的规范，作者想要了解的或者说新入门学生首先应该掌握的是对前人的研究成果如何引用。

哈佛大学新生一入学就会收到学校发给的一本小册子:《学会引用——大学生论文写作指导手册》(*Writing with Sources*:*A guide for students*),这本书主要是向学生介绍写文章应遵循的规则和惯例。在这本书的导言中开篇即写道:“知识从来就不是无源之水。它建立在前人——包括知识创造者与知识传递者——认识的基础之上,并推陈出新。”[5]关于如何引用资料,该书提出了三条基本原则:

> 第一条原则:尽可能简明扼要地使用资料,以使你的独立思考不因介绍他人的思想而湮没无闻,使自己的声音不在众声喧哗中被掩盖。第二条原则:不要让读者对你何时进行自己的表述、何时使用原材料中的资料这一点产生疑惑。第三条原则:自始至终,你要解释清楚论文所引每一处资料与文章论点的关系[5]4-7。

该书提出“关于资料引用的一些常见问题”19个,以问答的形式解释引用中的细节问题,以例证的形式说明如何标明资料的出处,包括“何时标明出处”“何时不标明出处”“标明出处的方法”“向未标明出处的资料致谢”,说明“资料的误用”情况和方式,以及如何避免资料误用的发生。该书是一本比较实用的参考书。

引用前人的研究成果,作者首先要对引用的原材料消化理解,概括总结观点后,融入自己的文章中;要在合适的地方对资料来源予以说明,以分清楚哪些是作者自己的观点,哪些是引用别人的观点;不是必须的情况,尽量不要过多照搬原文的表述,过多照搬原文会让读者以为作者没有理解消化原材料而在生搬硬套。

3.6 授权

根据《中华人民共和国著作权法》,受该法保护的作品,“包括以下列形式创作的文学、艺术和自然科学、社会科学、工程技术等作品:(一)文字作品;(二)口述作品;(三)音乐、戏剧、曲艺、舞蹈、杂技艺术作品;(四)美术、建筑作品;(五)摄影作品;(六)电影作品和以类似摄制电影的方法创作的作品;(七)工程设计图、产品设计图、地图、示意图等图形作品和模型作品;(八)计算机软件;(九)法律、行政法规规定的其他作品”。

在学术论文中,如果使用了第三方拥有版权的作品,必须获得版权所有者的书面授权,或者获得版权所有者的声明,即该作品可以用于非盈利目的的学术研究。

3.7 署名和致谢

据实署名是学术规范的重要内容。《中华人民共和国著作权法》第五章第四十七条规定:“有下列侵权行为的,应当根据情况,承担停止侵害、消除影响、赔礼道歉、赔偿损失等民事责任”,其中与署名相关的有:“未经合作作者许可,将与他人合作创作的作品当作自己单独创作的作品发表的”“没有参加创作,为谋取个人名利,在他人作品上署名的”。

2004 年 6 月 22 日,教育部颁发《高等学校哲学社会科学研究学术规范(试行)》,明确规定:“学术成果的署名应实事求是。署名者应对该项成果承担相应的学术责任、道义责任和法律责任。”

我国著名生物化学家、中国科学院院士邹承鲁关于文章署名提出这样的要求:“对一篇科学研究论文署名,表明对此论文做出了贡献,即对这篇论文从选题、实验设计、实验实施，一直到从中得到科学结论的全过程都有所了解，并确实对其中某一个或几个具体环节做出真正贡献的，才能当之无愧地在论文上署名而作为作者之一。与此同时，作为作者也承担了对论文所报道的结果和论点所负的责任。以上两条是缺一不可的，只具备其中之一的，可以由作者在文末致谢，但不宜作为作者，因为他无法对论文中任何一部分结果负责。”[6]

学术论文署名的所有作者都要确认对论文的创作有实质性贡献，了解研究的过程，并认可研究结论，同意投稿并公开发表，所有署名的作者均对文章负有学术责任和法律责任。

致谢是学术论文的重要组成部分。对于论文写作有帮助但尚达不到作者标准的人，作者应在致谢部分逐一说明他们的帮助，以示感谢，例如提供了单纯技术帮助的人、提供资料搜集帮助的人或提供其他帮助的人或机构。《高等学校哲学社会科学研究学术规范（试行）》关于研究成果致谢部分的要求是：“研究成果发表时，应以适当方式向提供过指导、建议、帮助或资助的个人或机构致谢。”

3.8 参考文献格式规范

我国在1987年发布《文后参考文献著录规则》（GB/T 7714—1987），2005年曾进行过修订，即GB/T 7714—2005，2015年再次修订，改名为《信息与文献　参考文献著录规则》（GB/T 7714—2015）重新发布，这是目前国内学术期刊参考文献著录使用的规范文本。

与2005版相比，2015年修订版增加了文献标识符［A］档案、［CM］舆图、［DS］数据集、［Z］其他；增加了数字对象唯一标识符（DIO）文献的引用格式；增加了使用双语著录的说明：“必要时，可采用双语著录。用双语著录参考文献时，首先用信息资源的原语种著录，然后用其他语种著录”；另外，在一些细节方面做了灵活性调整，如汉语拼音书写的中国著者姓名不得缩写，改为“姓全大写，其名可缩写，取每个汉字拼音的首字母”。

引文标注与参考文献格式规范是细节方面的问题，也许对文章的主体内容影响不大，但是会影响文献检索，同时反映作者的学术态度是否严谨，具体到期刊方面，反映的是期刊的整体编校质量。

4 目前来稿中关于学术规范的问题

学术不端行为一般包括：伪造与篡改、抄袭与剽窃、伪造学术经历、不当署名、滥用学术信誉等。在目前的学术期刊编辑过程中，伪造与篡改、抄袭与剽窃虽偶有发生，但还是少数。具体在文章写作细节方面存在的规范问题，包括以下方面。

4.1 选题低水平重复

在期刊审稿过程中，最常见的选题问题就是低水平重复。随着学界对学术规范的重视，一稿多投和一稿多发的情况总体来看在减少（虽然也偶有发生），这是学术风气向好的一个表现。但是选题低水平重复的情况则屡见不鲜，尤其是图书馆与情报学领域的选题有“跟风”现象。有学者指出：“平心而论，在国内学术论著中，虽然抄袭作假尚只能说是少数，但是说大多数作品是平庸之作、低水平重复，却是不争的事实。在这些铺天盖地的平庸之作中，不少还被冠以不同级别的精品之名而流行于社会，并为当事人带来巨大的实惠。”[7]

4.2 缺少综述或者综述不全面

研究论文的文献综述部分及其写作，属于写作方法的问题。但是在来稿中，缺少综述，或者文献综述不全面，综述写作方法不规范，是比较普遍的问题。

1999年12月，《历史研究》《中国史研究》《近代史研究》《世界历史》《当代中国史研究》《中共党史研究》《史学理论研究》七刊编辑部发布《关于遵守学术规范的联合声明》：学术研究必须尊重前人研究成果，凡专题研究论文，应就主要的研究内容，概略说明或介绍前人研究的主要成果或研究状况；此种说明或介绍，可以列入正文，亦可采用注释的形式；完全没有此种说明或介绍的来稿，各刊编辑部将不予受理。可见，学术期刊已将有无文献综述列入学术规范的范围里。

虽然学术论文有不同的形式，不是所有的文章都需要有文献综述，如学术评论、观点交流类文章，或本身即是综述评介类的文章。即便是这些类型的文章，作者在确定选题时，也要全面了解该领域的相关研究，了解关于该选题的研究现状如何，其他人的观点是怎样的；对于综述评介类文章，也要了解关于该选题是否已经有相关的综述类研究，或者在其他论文里已经部分含有综述类的内容。这样就避免文章的内容与已有研究雷同。

一般来说，选题低水平重复的论文都缺少文献综述，这类选题的论文经不起文献综述，因为一经综述，就会发现该文从选题到主体内容无任何创新之处，完全经不起推敲，从严格意义上说，也就不算是一篇合格的学术论文。

还有一种情况是一篇学术论文有文献综述，但是综述不全面。有两种可能：一种可能是作者对已有研究的检索不全面，文献综述的内容也就不全面；另一种可能是作者在文献综述部分刻意回避某些重要的学术文献，以显现自己文章的创新性和学术价值。不管是哪种情况,都为学术研究所不容,都属于不规范的学术研究行为。

4.3 引用问题

引用中存在的问题包括漏引、错引、伪引、过度引用、观点不清、转引不标注以及过多引用二次文献。

(1)漏引:指引用了别人的成果或观点,未在文中标注引文,文后也未列出参考文献,从引用角度来看是漏引,从另一个角度来看,这属于学术剽窃行为。另外一种情况是模糊表述,如"有学者认为……""有研究表明……",既不说明是哪位学者,哪些研究,更不标注引用和参考文献,这不是严谨的写作态度。

(2)错引:一种情况是文中标注的引用与文后所列的参考文献不对应,属于标注错误;另一种情况是文中标注引用的观点与文后参考文献的内容完全不对应,或者作者没有完全消化理解参考文献的内容,望文生义,生搬硬套到文章中。

(3)伪引:并未引用别人的成果,却将该成果列在参考文献中,或者参考文献与文章属于同一研究领域,但对于本文的研究没有直接关系,有些文章为了增加参考文献的数量,将看似有关、实际上无关的文献都列在参考文献中。

(4)过度引用:过多地引用别人研究的内容来证明自己的观点,大段地引用别人的原文,以至于作者自己的研究和观点被湮没在引文中。这样的研究会让人产生怀疑,一是作者是否有自己独立的思考和研究,二是作者是否对被引文献完全理解和消化。

(5)观点不清:文中标注了引文,文后列出了参考文献,但在行文中未明确说明哪些观点是引用别人的,哪些观点是自己的,给读者造成混乱。

(6)转引不标注：目前期刊来稿中标注转引的越来越少，这可能与“著录规则”中缺少相关内容有关。转引不标注带来的问题是，似乎文章引用的所有文献都是作者亲自看到的一手文献，实际情况是作者不可能看到所有的一手文献，尤其是外文文献和档案资料，这样的结果影响学术的客观性和严谨性。《高等学校哲学社会科学研究学术规范（试行）》强调：“凡转引文献资料，应如实说明。”

(7)过多引用二次文献：一篇文章研究国外的相关内容，大多引用的是国内作者已有的研究成果，或者是一篇与古典文献研究整理相关的文章，引用的大多是今人的研究成果，这样的论文就会让人质疑其学术价值，有时也会有抄袭的嫌疑。当然也不是所有引用的文献都必须是原始文献，这样会限制学术研究的开展。对于相同内容的引用，要使用权威文献，尽量少引用二次文献。

引用文献及其标注是文章质量的重要体现，作者须对引用文献的准确性负责，在投稿前应仔细与原文核对。

4.4 版权问题

关于版权的相关规定在上文已有说明。这里有一点要引起国内学者的注意，文章中如引用了别人作品中的照片、图表，包括翻译自国外作品中的图表，这些都是拥有独立著作权的作品，必须要获得授权才能使用，或者找到对方的版权豁免声明并保存下来。在目前期刊来稿中常见的问题是，国内许多作者认为，只要标注了引文，在文后列出了参考文献即可以使用。这是一种误解。根据《中华人民共和国著作权法》，这些图表都是拥有独立版权的作品，是受著作权法保护的。未获得授权直接使用，即构成了侵权行为。

4.5 摘要

摘要写作不规范主要表现在两个方面：

一是采用指示性摘要，只是描述论文的概貌，而没有具体的内容。如“分析了……的制约因素，并提出相应的对策”“总结了……发展过程，提出了未来的发展趋势”，或其他类似这样的表述。读者读了这样的摘要，会疑惑“制约因素是什么”，提出的对策的具体内容是什么；或者“发展过程是怎样的”，分几个阶段，各阶段的特点是什么，发展趋势是什么。

二是虽采用了报道性摘要，或结构式报道性摘要，但写作方法不规范，没有提炼出文章的主旨内容，或过于拖沓冗长。

上文关于摘要的撰写说明介绍了摘要的三种类型：报道性摘要、指示性摘要、报道—指示性摘要。学术论文的摘要是尽量采用报道式写法，即浓缩揭示出全文的核心内容，最好不要使用指示性摘要。现在大多数学术期刊都已经规范文章的摘要写作方法，要求使用报道性摘要，根据文章主题和内容的需要，可使用报道—指示性摘要，但不推荐使用指示性摘要。

当然，不同类型的文章根据研究主题和主体内容的需要有不同的摘要撰写方法，研究论文一般采用结构式摘要，学术评论、观点交流和综述评介类论文则不一定要采用结构式报道性摘要。无论采用何种撰写形式，摘要要总结文章的主要观点，帮助读者不通读全文也能领会论文的主要内容。下面给出三个例子，供作者参考。

例 1:我国乡镇图书馆建设中的话语与话语性实践——基于政策文本和建设案例的分析

摘要:本文以我国图书馆界对普遍均等公共图书馆服务体系的追求为背景,旨在考察现有乡镇图书馆建设所依据的“乡镇图书馆”意义(meaning)及其对全覆盖公共图书馆服务体系的影响。该研究按照话语分析的思路,审视了20世纪80年代以来我国中央政府出台的10份涉及乡镇图书馆服务的政策文本和四个县级行政区划中12个乡镇的图书馆服务。研究显示,我国涉及乡镇图书馆服务的政策可以分为三类:基层公共文化政策、乡镇综合文化站政策和图书馆事业政策。它们包含的乡镇图书馆相关陈述隶属于两大话语体系:我国基层公共文化话语和世界公共图书馆话语。前者将乡镇图书馆等同于乡镇文化站图书室,并将其排除在公共图书馆范畴之外;后者将乡镇图书馆界定为公共图书馆的基层服务网点,将其视为公共图书馆覆盖率不断扩大的必然结果。本研究分析的三类政策中,基层公共文化政策和乡镇综合文化站政策同属于我国基层公共文化话语;图书馆事业政策则杂糅了世界公共图书馆话语和我国基层公共文化话语的陈述,表现了它试图调和两种不同话语体系的努力。本研究调研的12个乡镇(包括5个已经开展总分馆体系建设的乡镇)都是按基层公共文化话语建构的乡镇图书馆意义(即“乡镇图书馆 = 乡镇综合文化站图书室≠公共图书馆”)在打造乡镇图书馆服务。本研究认为,这种意义及其实践无法产生专业化公共图书馆服务,是普遍均等公共图书馆服务的新瓶颈。

这是一篇研究论文的摘要，以结构式摘要的形式撰写，包括了选题意义和背景、研究方法和过程、研究结果和结论。

例 2：公共图书馆提升服务效能的途径

摘要：公共图书馆的服务效能是指其履行使命的程度，提升服务效能是对包括公共图书馆在内的公共文化服务体系的新要求。本文对影响公共图书馆服务效能的四个主要因素进行分析：①法治环境是形成服务能力的前提，尽快颁布《公共图书馆法》是完善法治环境的首要任务；②服务体系是普遍均等服务的载体，总分馆是服务体系中经济高效的组织形式，总分馆布局需遵循客观规律，科学布局；③专业策划是公共图书馆服务的职业要求，应体现在设置、建设、宗旨、规划、服务、活动、管理等各方面；④科学的管理机制和优质的管理水平，可整合各种资源，使服务能力与服务效益相匹配，使服务效能达到最优。以服务效能代替服务效益进行评价，可使评价更全面，也明确了政府与公共图书馆双向的责任：公共图书馆努力提升服务效能，政府为增强服务能力提供条件。

这是一篇观点交流类论文的摘要，虽没有以结构式摘要的形式撰写，但包括了作者的观点和主要内容。并没有使用“分析了……”“提出了……”“总结了……”等指示性摘要的撰写形式。

例 3：图书馆学理论的使命与担当——第六次全国图书馆学基础理论研讨会综述

摘要：第六次全国图书馆学基础理论研讨会于 2011 年 12 月 15 日至 18 日在深圳图书馆召开，会议的主题是“图书馆学理论的使命与担当”。本文对与会者的发言内容和论文作者观点进行综述。认为：对图书馆学研究面向职业还是面向学科的再分析归根到底是关于图书馆学理论与图书馆工作实践关系的再探讨；图书馆学理论体系的重建与继承问题实际上是如何构造新的学科命题以及如何利用图书馆学的学术积累；技术本身就包含有人文特性，如何达到图书馆人文与技术的完美结合，还需要图书馆界不断探索；图书馆学研究需要讲究方法，进行实证研究应有规范化的流程；图书馆为了实现自身价值最大化，履行其基本责任和社会责任是必然之举。

这是一篇综述论文的摘要，根据综述的主题，总结观点和主要内容，没有以报道性摘要的形式撰写。

4.6 关键词

关键词选取不规范主要有以下几种情况。

一是选取不具检索特征的泛意词作为关键词，这样的泛意词无专指意义，也无检索价值。例如一篇关于阅读推广的论文，作者标注的关键词其中有“概念”“路径”“本质”“意义”，这四个关键词无专指性，换句话说，这四个词也可以放在其他关于概念阐释的文章中作为关键词。再如关于移动图书馆服务现状调查的文章，作者初稿中给出的一个关键词是“有效性”，这里“有效性”也不具检索特征，属于泛意词。

二是词语的使用不规范。例如一篇关于图书馆权利体系中自由与平等的文章,作者初稿中给定的关键词有"图书馆自由"和"图书馆平等",这两个词就不是规范的中文词汇,当然也无法作为关键词。再如一篇关于公共图书馆价值的文章,作者初稿中给出的一个关键词是"价值研究变迁",这个词既无检索特征,也不是一个规范的中文词汇。

三是缺少中心词。例如一篇以微博为例进行的社会化媒体用户情感体验与满意度关系的研究论文,作者初稿中给出的关键词依次是"微博""情感""情感分析""用户满意度",这里缺少一个中心词,即"社会化媒体",另外,"情感"一词对于本文来说不具有检索特征。

四是关键词的排列顺序比较随意,无主次前后之分,也无逻辑关系的衔接。还是以上一篇文章为例,作者初稿中给出的关键词顺序依次是"微博""情感""情感分析""用户满意度"。这里"微博"并不是本文主要研究的主题,把它放在首位体现不出文章的主题;第二个关键词"情感"对于本文来说是个泛意词,作为本文的关键词会混淆读者对文章的理解。编辑修改后,把本文的关键词依次改为"社会化媒体""情感体验""情感分析""用户满意度""微博"。

4.7 署名

学术论文署名中最常见的问题是互相挂名,学术期刊坚决反对这种行为。有些学术期刊已经开始要求在文章最后增加"作者贡献声明",即合作署名的文章,要求作者声明各自对论文完成的贡献情况。也有期刊在投稿指南中声明"本刊推崇求实、创新、自律的科研精神,鼓励独创或跨界合作""论文须为作者原创成果,据实署名"。

另一种情况是,论文已经录用,要求调整作者的顺序,或在编校过程中任意增加或删减作者。一般来说,对于已录用稿件的作者署名以最初投稿为主,录用之后,在编校和刊发过程中,不得任意增加或删减作者,或调整作者的顺序。

4.8 引文标注与参考文献的对应及格式

引文标注与参考文献的对应,以及参考文献的格式,是一项简单而又烦琐的工作。说它简单,是因为这单纯属于对应和格式方面的问题,说它烦琐,是因为它涉及太多的细节,从引文的排序(尤其是交叉重复引用的情况),到参考文献的出处,到每个标点符号的标注,以及英文字母的大小写,等等。引文标注与参考文献的对应,以及参考文献的格式是否准确,体现的是作者严谨的学术态度,具体到一本学术期刊中,反映的是期刊的整体编校水平。

目前来稿中关于引文标注和参考文献格式方面的问题主要有:

(1)文中引文标注的内容与文后参考文献不对应。这是比较常见的问题,也是严重的问题。出现这种情况大多数是由于序号错乱导致。引文与参考文献不对应直接影响读者对文章的理解,也会影响参考文献的检索、使用和传播。

(2)英文责任者姓和名顺序混乱。按照"著录规则",英文责任者姓全拼排列在前,名首字母缩写排列在后。在来稿中,作者有时候混淆英文作者的姓和名,因为出现全名的时候,英文人名是名在前,姓在后。改成缩写后,有些作者保留的是名的全拼和姓的首字母。这种情况也很常见。

(3)同一条参考文献重复标注引文序号,文末同一条参考文献重复排序,或用"同××"。按照2015年公布的《信息与文献 参考文献著录规则》,文章中不同的地方引用同一条参考文献,只标注一个引文序号,其他地方再次出现时标注第一次出现时的序号,文后参考文献只列一次,标注第一次出现时的序号。

(4)英文标题大小写使用混乱。按照"著录规则",引用英文参考文献,标题句首字母大写,其他单词,除专有名词外,首字母全部小写。很多作者在引用英文参考时,可能因为原文献的标题每个单词的首字母都大写,直接拷贝过来后保持原样未变,而有的原文献标题仅句首字母大写,直接拷贝过来又是另外一种样子。经常是一篇文章的英文参考文献标题的单词首字母大小写混乱。

(5)标点符号使用混乱。参考文献格式中,标点符号的使用比较格式化,作者需要认真核对,才能标注准确。

(6)标识符使用不准确。有的还在使用 1987 版规则中的文献标识符和相应的标注方法,有的使用 2005 版规则中的标识符。比如关于析出文献的标注,2015 年版与 1987 年版相比有很大变化,作者需要仔细核对 2015 年版的相关说明,确保使用最新的标注规范。

国内很长时期对学术规范有一个狭隘的认识,一提到学术规范就认为是参考文献的格式。其实参考文献格式就是一个形式,作者如果细心一点儿,投入时间,做到规范并不难。在编校稿件过程中,有时编辑可能要花费整整一天的时间核对一篇文章的参考文献,这种情况并不少见。当然也有一种情况,106 条参考文献,交叉引用,两位编辑在互校中发现,从文中引文标注到文后参考文献格式,没有一处错误,包括英文字母的大小写和标点符号,完全符合规范。一篇引文标注和参考文献格式都比较规范的稿件,是比较受欢迎的;相反引文标注和参考文献格式混乱,会耗费编辑太多的时间。

4.9 其他细节问题

其他细节问题包括数字用法、汉语拼音拼写规则等。

数字用法中出现较多的问题主要有以下几种：①前后不一致：同一种内容的表述，有的地方用阿拉伯数字，有的地方用汉字。数字在同一篇文章中的使用要遵循前后一致的原则。②多位数字不分节：根据《出版物上数字用法》，多位数字有两种分节方式：千分撇和千分空，同时说明“各科学技术领域的多位数字分节方式参照 GB 3101—1993 的规定执行”，而根据 GB 3101—1993 的规定，“任何数，均应从小数点符号起，向左或向右每 3 位数字为一组，组间空 1/4 个汉字的间隙，但表示年号的四位数除外。”例如：23 456、2 345、2. 345 6、2. 345 67、2008（年号）。③纯小数省略小数点前定位的“0”：由于文章中有些数据是由系统自动生成的，往往省去了小数点前面的“0”，作者投稿就保留了原样，例如：0. 46 写成了. 46。关于数字用法和计量单位符号的使用规则，可参照国家标准《出版物上数字用法》（GB/T 15835—2011）和《有关量、单位和符号的一般原则》（GB 3101—1993）。

汉语拼音的使用出现问题较多的是，中国人名按照英文人名的处理方式，将姓和名倒置。根据国家标准《中国人名汉语拼音字母拼写规则》（GB/T 28039—2011），“正式的汉语人名由姓和名两个部分组成。姓和名分写，姓在前，名在后，姓名之间用空格分开，复姓连写”。汉语拼音使用，可参照国家标准《中国人名汉语拼音字母拼写规则》（GB/T 28039—2011）、《中国地名汉语拼音字母拼写规则（汉语地名部分）》《中国省、自治区、直辖市、特别行政区汉字简称、罗马字母拼写及代码表》等。

5 图书馆学期刊关于学术规范的要求

国内学术期刊"投稿指南"的内容,大多数是关于参考文献格式的说明和样例。近年来随着提倡学术论文的写作规范,越来越多的图书馆与情报学的期刊开始重视学术行为和研究内容方面的规范,要求来稿"论文须为作者原创成果,据实署名""尊重他人知识产权,引证文献须实事求是""学术研究行为的规范、成果内容的规范,而非仅仅是形式上的整齐划一""治学态度严谨,避免重复劳动""阐述本刊的出版道德规范政策和制度,为作者、学术团体、编辑、研究资助者、读者等在整个论文出版过程中提供参考",等等。有些期刊对于摘要的撰写、关键词的选取、文章的结构都提出规范性的要求。

相比较而言,国际图书馆学、信息学期刊对于学术规范的内容要细致得多,一般来说包括以下七个方面。

(1)期刊的定位及文章的类型

SSCI图书馆学和信息学期刊在作者指南的开头一般都会介绍该刊的定位,然后介绍栏目设置或是稿件类型,要求稿件类型能反映各刊的定位和特色,反映各刊重点研究的领域。但各刊无论对稿件的类型作何种限制和说明,其中最主要的一点是要体现学术研究的创新性。如《美国信息科学与技术学会会刊》(*JASIST*)对于文章类型和结构的要求是:该刊刊登前沿性研究成果和最新发展报告,主要是关于信息的生产、发现、记录、存储、描述、检索、应用、传播、利用、评估和与此相关的工具和技术创新的原创性研究。论文类型包括:研究论文、综述、评论、简报、学术通信。研究论文结构严谨,包括研究背景和目的、研究方法、研究过程、研究结果、讨论和结论等部分[10]。

《在线信息评论》(*Online Information Review*)的相关说明是:一般情况下,该刊只接受基于研究的学术论文。这类稿件可以是任何形式的研究,包括技术性或概念性。一般不接受观点文章、文献综述或概述性论文。但是,可以接受由经验丰富的学者撰写的有助于开创新的研究领域和奠定相关理论框架的评论性文章。此类稿件应对某一研究领域的理论和研究方法作深入评析,指出现有研究文献的优势和不足,并规划该领域新的研究重点。对于需要运用数学方法来推导、测试或分析相关概念或研究结果的论文,作者应从非数学方法的角度向读者做出阐释[10]。

(2)摘要、关键词

国际图书馆学与情报学期刊对于摘要的要求一般是,摘要应是研究成果的总结,总结核心内容,而非简单表述其研究概况;摘要精确、简练,概括全文内容,确保读者不通读全文即能领会论文的主要内容。有些期刊则要求必须是结构式摘要,如《在线信息评论》(*Online Information Review*)关于摘要的要求是:作者必须提供一份结构化的摘要,包含4—7个方面的内容,其中写作目的、研究设计/研究方法、研究结果,以及研究的原创性/研究价值这四方面是必要项目,研究的局限性/研究的影响、研究的实际影响和社会影响这三方面可酌情介绍[10]。

关键词要求提炼出文章主题,要具有索引价值。关键词要具备足够的指示性,不要使用泛意词。如Emerald出版的期刊说明:为保证关键词的规范性和一致性,Emerald编辑部会在尊重作者的基础上对关键词进行调整[10]。

(3)引用和版权

关于使用第三方版权文献的授权要求,在 SSCI 收录的图书馆学与信息学期刊的投稿要求中都有说明。如《信息系统研究》(*Information Systems Research*)要求:对于第三方拥有版权或商标权的内容,比如非本人原创作品中的图片或表格,作者有责任获得版权所有人的许可。照片和团体标识,包括从网络中获取的素材,均有可能受到版权保护。《在线信息评论》(*Online Information Review*)的要求是:作者使用从其他途径获取的表格、插图或(超过 400 字的)文字节选时,应注意如下事项:①须获得第三方版权所有者的书面许可,允许使用其中的文字、图、表和其他材料;②若作者对任何材料做过大幅修改,须通知原创作品的版权所有者;③作者已获得同意使用相关材料的证明;④作者在图表说明中须注明出处,并同时在参考文献中列出;⑤网络上免费提供的内容未必可以免费使用,作者须向网站查询版权所有者的具体信息,获取相关使用许可[10]。

(4)授权

笔者调查的所有 SSCI 收录的图书馆学与信息学期刊的作者指南中,都要求作者签署授权书,主要内容包括:①作者声明该论文及其主要内容以前从未出版,也不会在其他机构出版;②作者保证拥有文章的相关版权;③作者将相关权利授予期刊,包括出版权、翻译权、汇编权/传播权等(有些作者的版权是不允许转让,如美国政府雇员等,有此情况的作者需在稿件采用后,以书面形式说明);④作者拥有出于公益目的使用文章的权利[10]。

(5)变更作者

关于变更作者有严格的规定和说明。如《信息计量学杂志》

(*Journal of Informetrics*)、《战略信息系统杂志》(*Journal of Strategic Information Systems*)、《信息与管理》(*Information & Management*)、《政府信息季刊》(*Government Information Quarterly*)、《信息处理与管理》(*Information Processing & Management*)等期刊都有相同的规定,此项规定涉及的是已接受稿件作者姓名的增加、删减或重新排序。在网络版刊发之前,对已接受稿件的增加、删除或重新排序作者姓名的请求,须由通讯作者向期刊提出,且必须提供:①增加、删除或重新排序作者姓名的原因。②所有作者同意增加、删除或重新排序作者姓名的书面确认(电子邮件、传真、信函),对于增加或删除作者的情况,还应包括被增加或被删除作者的书面确认。请注意:①任何此类申请,期刊经理均转达期刊编辑。②在所有作者同意之前,已接受稿件在网络版的刊发时间将推迟。在网络版刊发之后,对已接受稿件有关增加、删除或重新排序作者姓名的请求,遵照上述政策,但只能以更正形式发布[15]。

(6)致谢

致谢作为文章的主要部分被列入正文,这在大多期刊中都有要求。《信息系统杂志》(*Information Systems Journal*)要求:论文所有作者都要确认已经读过且认可该论文,并同意提交,作者必须诚信,不能成为论文作者的其他贡献者应该在"致谢"部分被提及;投稿时作者需详述本研究的资金支持情况及论文材料提供者。《信息科学杂志》(*Journal of Information Science*)要求:所有对论文做出帮助但尚达不到作者标准的人都应列在致谢部分,例如对提供了单纯技术帮助的人、写作帮助的人或提供一般性帮助的某部门负责人等都应致谢,作者应逐一说明他们的帮助[10]。

(7)利益冲突声明

利益冲突声明也是文章的主要部分,大多期刊都要求有此类声明。《信息系统杂志》(*Information Systems Journal*)要求:作者须声明任何可能的利益冲突,包括专利、所有权、股权、咨询、演讲者的费用等在内的经济问题。该刊要求论文涉及的公共机构、私人和社团的资金支持,包括其他任何可能的利益冲突必须被完整声明。投稿时需将上述信息置于论文末尾,以"资金来源"和"利益冲突"为独立标题。如果论文中没有关于利益冲突的声明,则必须声明无利益冲突。荷兰出版的期刊《信息计量学杂志》(*Journal of Informetrics*)和《信息与管理》(*Information & Management*)作者指南中要求:作者需对稿件涉及的任何事实上或潜在的利益冲突做出说明,包括自文章提交之日起三年时间内可能对其作品产生不当影响的财务、人际或其他关系[10]。

6 学术期刊对学术规范负有引导责任和重要使命

关于学术规范研究的文章对学术期刊提出了要求:学术期刊对学术规范负有引导责任和重要使命[11]。国内各领域的学术期刊也一直在致力于学术规范的建设。

1999年2月1日,中国科协所属的231家全国性学会主办的科技期刊在北京科技会堂共同签署《全国性学会科技期刊道德公约》,以努力清除科技界的偷、抄、编、造等现象,提出拒绝刊登署名有争议、引用他人著述未注明出处、在规定的期限内一稿多投的稿件。

1999年12月,《历史研究》《中国史研究》《近代史研究》《世界历史》《当代中国史研究》《中共党史研究》《史学理论研究》等七刊编辑部发布《关于遵守学术规范的联合声明》，要求“学术研究必须尊重前人研究成果”“对违反约定而造成不良影响者，七刊编辑部将联合采取必要的抵制措施”“凡投稿而有抄袭剽窃行为者，七刊编辑部在五年之内均不受理该作者的任何稿件”。

2008年，全国20家国际政治类期刊联合发布《加强国际政治类期刊学术规范建设倡议书》，提出“加强学术道德规范建设”“强化学术论文注释等编辑规范”。

2013年11月，图书馆学期刊编辑出版专业委员会在当年的中国图书馆年会上发布《图书馆学期刊关于恪守学术道德、净化学术环境的联合声明》：

> 一、坚决反对各种学术不端行为，包括抄袭剽窃、篡改伪造、不当署名、虚假引用、内容重复发表、一稿多投、一稿多发等现象。凡被发现存在学术不端行为者，正在审理或已录用但未发表的论文，立即退稿；已经发表的论文，立即从数据库中撤出。同时，视情节轻重采取批评、警告、公示、通报作者所在单位、若干年内不再接受该作者投稿等处理措施。
>
> 二、各刊编辑部应主动规范其内部的审稿等工作程序，其中包括声明审稿时限、对投稿论文进行学术不端文献检测等，尽量避免因编辑工作缺失而导致学术不端事件的发生。
>
> 三、图书馆学期刊编辑出版专业委员会将采取一定方式向业内各刊通报汇集到的学术不端信息，以便联合抵制学术不端行为。

《中国社会科学》总编辑秦毅曾提出："规范学术研究，建立良好学风需要各个方面的共同努力，而编辑出版工作是把住失范作品出口的关键环节，因此学术期刊责无旁贷。"[12]学术期刊以传播科研成果、促进社会进步为己任。国内的图书馆学、情报学期刊当严守学术规范，以内容质量为基础，促进理论创新、学术创新和知识发现，为我国图书馆学、情报学研究和图书情报事业的发展做出贡献。

参考文献：

[1] 程千帆，巩本栋. 关于学术研究的目的、方法及其它[J]. 文艺理论研究，1995(3)：2－6.

[2] 马桂艳，任海生，尚海永. 大学学术规范与学术评价研究[J]. 唐山学院学报，2011(1)：89－91.

[3] 杨玉圣，张保生. 学术规范导论[M]. 北京：高等教育出版社，2004：21.

[4] 班固. 汉书·叙例[M]. 北京：中华书局，2011：4－6.

[5] 陈澧. 引书法示端溪书院诸生[G]//张舜徽. 文献学论著辑要. 西安：陕西人民出版社，1985：413－414.

[6] 杨伯峻. 春秋左传注[M]. 第2版. 北京：中华书局，1990：2.

[7] 哈维. 学会引用——大学生论文写作指导手册[M]. 沈文钦，李茵，译. 北京：教育科学出版社，2007.

[8] 邹承鲁. 清除浮躁之风，倡导科学道德[N]. 光明日报，2002－04－10.

[9] 李伯重. 论学术与学术标准[J]. 社会科学论坛，2005(3)：5－14.

[10] 蒋弘. SSCI信息学与图书馆学期刊概览[M]. 北京：国家图书馆出版社，2012.

[11] 王慧君. 论学术期刊的学术规范建设[J]. 新疆师范大学学报(哲学社会科学版)，2008，29(3)：139－141.

[12] 秦毅. 学术期刊与理论创新[J]. 中国社会科学，2003(1)：95－98.

如何提高论文被录用的几率
——投稿指南

王景发　魏志鹏

王景发

魏志鹏

投稿是创作者将自己享有著作权的某一未发表作品投递给期刊社、杂志社并希望被采用的行为。但是投稿不等于发表,稿件还需要责任编辑、外审专家、期刊主编的审核。尽管让研究成果通过期刊平台的交流与传播而被更多的人认可并受益是每一个论文写作者的愿望,但由于大多数期刊特别是核心期刊都有自己相对稳定的作者群和稿源,要在激烈的用稿竞争中获胜,还是具有一定的难度。目前,核心期刊、来源期刊、权威期刊的录用率一般都在10%以内。对作者来说,除提高学术论文水平之外,掌握一些有助于提高论文采用率的投稿知识和技巧是非常有必要的。特别是在开放存取环境下,由于学术信息的共享程度较高,信息传播速度快,对学术资源应用和掌握的及时程度往往成为学术论文特别是社科类学术论文是否被采用的一大决定因素。因为从期刊审稿的角度来看,在同等条件下,选题新颖、新资料应用较多的文章肯定是首选。

1　影响学术论文采用的外在因素

1.1　论文产出量庞大,但期刊资源有限

论文不容易被录用,原因主要有两个方面:

一是论文作者的队伍特别庞大。数据显示:2014 年,我国有事业单位 111 万个,事业编制从业人员 3 153 万人;2012 年,我国在校本科生 2 391 万、硕士生 143 万、博士生 28 万。这些人的职称晋升、毕业、出站、结项都需要发表学术论文。因此,论文的产出量特别大。加之我国近年来对学术研究工作非常重视,逐年加大经费投入,参与科技创新人员的数量和水平均有提高,也使我国科技论文数量迅速增长。中国科学技术信息研究所曾利用 SCI(科学引文索引)、EI(工程索引)和 ISTP(科学技术会议录索引)三大检索系统对我国科技论文总数进行统计。结果表明,自“九五”计划以来,我国国际论文总数快速增长,1996 年我国的国际论文总数仅有 2.7 万篇,占世界总数的 2%,排名世界第 11 位,到 2005 年,我国的国际论文总数已达到 15 万篇,占世界总数的近 7%,排名世界第 4 位,仅次于美国(占 29.8%)、英国(占 7.2%)和日本(占 7.1%)。中国科学技术信息研究所发布的 2013 年度中国科技论文统计结果表明,第一作者为中国国籍的论文共 16.47 万篇。论文数量的庞大,加大了论文发表的难度。对于图书情报学科而言,2016 年度我国仅高校图书馆员和公共图书馆员

总数就达 90 454 人。

二是期刊资源有限。根据最新版的《中文核心期刊要目总览》(2014 版)显示,中国目前具有 ISSN 号的期刊(即公开出版的期刊)9 600 余种,《中文核心期刊要目总览》从中遴选出了 1980 余种核心期刊。就图书情报专业来说,有 ISSN 号的“G25 图书馆事业、信息事业”类期刊共 44 种,其中被《中文期刊要目总览》收录的核心期刊 18 种。通过中国知网对文献分类为“图书情报与数字图书馆”的发文数量检索可以发现,2017 年度共发表文献 20 976 篇,除《情报学报》之外的其余 17 种中文核心期刊发文总数仅为 3 615 篇。前瞻产业研究院发布的《2018—2023 年中国公共图书馆运营管理及发展模式分析报告》和《2016 年高校图书馆发展概况》两份报告显示,2016 年我国公共图书馆从业人数为 57 208 人、872 所高校图书馆在编馆员总人数为 33 246 人。分析这组数据可以发现,我国图书情报类期刊的总数量并不少,年发文总数量也达两万余篇,但平均到每一位图书馆员而言,则是约 5 位图书馆员才年发表 1 篇文章、30 位图书馆员才年发表 1 篇中文核心期刊文章。事实上,在图书情报类期刊的发文群体中,高校、科研院所师生已占了很大的比例,如《情报科学》2017 年第 1 期发表的 26 篇文章中,第一作者为图书馆工作者的文章仅为 3 篇,可见如果将高校、科研院所师生发表文章相关统计数据加入其中进行分析,所得图情实践从业者发文比例数据将更低。因此可以认为,有限的期刊资源,特别是目前学术评价体系下较为重视的核心期刊资源、来源期刊资源、权威期刊资源,其数量有限,也提升了论文发表的难度。

1.2 学术评价体系不健全，期刊间市场竞争激烈

通常期刊选稿，尤其是核心期刊选稿时，在评判稿件的质量和水平时，会从各个层面去考虑和分析稿件在核心期刊等期刊评价时可能带来的预期影响是否有利于期刊的竞争和发展，如考虑和评判稿件是否有较高的被引预期、下载预期。

所谓核心期刊，是指刊载论文学术品质高，而且能反映出该学科最新研究成果及发展趋势，受到读者重视的学术期刊。核心期刊的概念由英国的布拉福德提出，所谓的布拉福德定律（又称文献分散定律）是指某一学科中多数的论文及研究成果集中发表于该学科中少数的核心期刊之中。由于我国的学术期刊评价目前并没有一个统一的认定标准，因而对于核心期刊的理解主要是一个广义的概念，泛指那些被期刊评价机构所认定的“核心期刊”“来源期刊”“统计源期刊”等优秀期刊。目前我国的核心期刊名录主要有 6 大版本：南京大学中国社会科学研究评价中心发布的“中文社会科学引文索引（CSSCI）来源期刊”、北京大学图书馆编制的“中文核心期刊要目总览”、中国科学技术信息研究所（ISTIC）评选的“中国科技论文统计源期刊”（又称“中国科技核心期刊”）、中国社会科学院文献计量与科学评价研究中心研制评选的“中国人文社会科学核心期刊”、中国科学院文献情报中心发布的“中国科学引文数据库（CSCD）来源期刊”和武汉大学中国科学评价研究中心编制的“RCCSE 中国核心学术期刊”。不同的期刊评价版本有不同的认定周期，如 CSSCI 每两年认定一次，中文核心期刊每三年认定一次。尽管不同的评价机构在期刊评价时所选取的评价指标及指标权重不一，但影响因子是每个评价体系均采用的指标，基金论文比、被摘率、下载率、引用半衰期等也是很多评价

体系采用的指标，只不过这些指标在不同评价体系中的计算方法、数据来源、所占权重等未必完全相同。

创建核心期刊的初衷是为图书馆的资源采购、读者的阅读选择提供参考与建议，但当前很多科研机构、科研管理组织错误地把在核心期刊发文的数量以及等级用于对科研工作者学术水平的衡量与评价，并作为科研工作者职称评定、学位取得、科研项目申报与结项、科研机构等级评估的主要评判标准，核心期刊的功能被放大、定位被扭曲、作用被滥用。这种评价体系下，科研工作者不得不在机构所认定的数量有限的核心期刊上发表论文，进一步压缩了论文发表的空间，降低了文章的录用几率。

2 影响学术论文采用的内在因素

2.1 观念因素

学术论文对个人专业素养的培养和综合能力提升及发展进步方面所起的积极作用，怎样估计都不会过高。

学术论文的写作是综合能力的体现。论文的写作是一个研究问题、发现问题、解决问题的思考与研究过程，是个人综合能力的体现与提升过程。一篇优秀论文的创作完成体现出作者优秀的专业观察与问题发现能力、分析与解决问题能力、专业创新能力。如：确定研究选题，需要有过人的学术增长点发现能力；文献调研，需要广博的专业素养；文献综述，需要有“一览众山小”的驾驭资料能力；完成论文创作，需要有严密的逻辑思维能力、解决实际问题的专业能力和科学呈现的表达能力。

论文写作是培养人才的途径。学术论文的基本要求是创新，而要实现创新，就要不断地学习和思考，不断寻找新的突破口，不断修正自己努力的目标。这个过程对个人学习习惯的形成有极大的帮助，对个人的学术积累和学术增量也是极其有效的。论文写作的逻辑定式、写作规范、研究方法对个人严谨作风的形成和思想方法的匡正也都是有益的。

学术论文是学术研究的重要工具。论文规范的格式、结构、研究方法，以及写作要求是被学术共同体所普遍认同的。学术论文的这种范式经过百余年发展，凝结了一代又一代学人的智慧和心血。这种范式保证了学人们用最少的篇幅和文字，去完整表达科学研究的过程、内容和结论，保证了读者可以在最短的时间内对文章内容做出正确理解和判断。完整的论文写作过程就是科学研究的过程，熟练地掌握了论文写作的方法，就意味着掌握了一定的科学研究工具。

学术论文是获取专业知识资源的最佳途径。学术研究成果绝大多数都是以论文的形式反映出来的，发表在学术期刊特别是优秀学术期刊上的学术论文，都是某一专业、某一研究领域最新的研究成果，所展现的都是该专业的新动向、新思想、新观点、新方法、新理念和新进展。论文写作过程中查阅这些优秀文献资源，无疑也是获取优质专业知识资源的过程。

学术论文是学者融入主流的途径。通过论文的交流、传播，学人们可以了解同行特别是一流专家最近的研究动向，了解最新的发展趋势，可以让更多的后学得到启发。学术论文也是作者融入学术共同体并得到同行认可的重要纽带，青年作者可以通过论文的展示脱颖而出。

然而，有不少作者对学术论文的作用不甚明了。在论文写作过程中投机取巧，缺乏必要的学习、观察、思考和总结，利用“复制、粘贴”手段制造论文，力争用最小的科研成本去应付供职或求学机构的科研任务。如：从网络上下载几篇同类型的论文，通过“复制、粘贴”手段拼凑成一篇结构混乱、内容不完整，甚至结论自相矛盾的论文。对学术论文价值、作用，特别是对于自身素养提高的认识缺失，优秀论文的创作也就缺乏了基本的保障条件与驱动因素，所创作出来的论文也就很难得到优秀期刊的采用与刊发。

2.2 主题因素

主题不合时宜，或与期刊专业、定位不对应是影响学术论文采用的主要内在因素。

笔者在多年的编辑工作中，总是能遇到一些论述、文字、逻辑都没有问题的文章，但其主题或不合时宜，或思想偏激，或与期刊定位不对应等。如：《授权影印西文书种次号探讨》《著者号选取若干问题探讨》《油印本综述》等。分析和思考可以发现：授权影印本是改革开放前特定历史条件下的产物，已经成为过去；著者号是图书馆卡片目录时代的排架方法，已有上百年历史，而油印本盛行于20世纪，虽为我国近现代化的传播做出过很大贡献，但已逐渐退出历史舞台，行将消失。作者对这些已过时或成为过去的题材进行研究，研究主题显然是落后的。又如《论图书馆的政治功能》可谓是“文革”遗风、《论如何当好副手》属酱缸文化，还如《西文赠书编目技巧》《开架书库图书乱架成因》是属于介绍业务工作小经验、小窍门文章。图书情报学期刊也总是收到诸如《解放初期计划生育工作探析》《幸福道德观及其现实意义》《“微博问政”的表现及发展对策》《世界地质公园游客满意度研究——以云台山世界地质公园为例》等与刊物专业不对应的学术论文。

2.3 字数因素

学术论文的字数是有一定要求的,学士论文、硕士论文、博士论文的字数以及期刊论文的要求是不同的。学术论文需有基本的论据论述以研究问题,论述必须有足够的论据才能进行,分析要用不同方法、从不同角度加以研究。字数太少,难以容纳科学研究最起码的信息量,也无法展开全面翔实的论述。所以,字数太少的文章,往往不被有影响力的优秀刊物所看重。但是,并不是说文章越长就会被期刊越重视,文章太冗长,会占用稀缺的版面资源,会造成读者对文章主旨理解的游离,也容易让读者阅读疲劳,失去耐心。不同的刊物对论文字数的要求不同,且差别很大,如《图书情报知识》要求论文字数最少为 8000 字,而《图书与情报》则以 6000—10000 字为宜。

2.4 图表因素

当前的学术论文中,图表是一种常见的内容呈现和表达方式,好的图表的确能起到提纲挈领、化繁为简的作用,但一些稿件也往往会出现图表内容与文字叙述重复、图表归纳总结粗疏、图表逻辑表达不清晰、图表内容冗余繁杂、图表关键数据来源缺失、图表相关信息未标注、图表数字单位混乱、图片像素不清楚、图片各模块内容之间关联标注混乱等现象,在影响到整篇论文的视觉效果、可读性的同时,自然也就影响到了论文的采用率。

2.5 态度因素

态度因素主要指作风不严谨,态度不端正,表现为:有些作者心气浮躁,对文章不斟酌、不检查就匆匆投稿,笔误太多,错别字满篇;

有些作者将人名、地名、数据、年代弄错,出现"硬伤";有些文章格式不一,五花八门,如标题序号不一致、多种序号混用、图表不编号或编号混乱、图表格式错误,有时甚至为扫描或截图,数据不一致,使用不同的单位,全角、半角混用等;有些文章编辑提出修改意见,但作者却避重就轻,敷衍塞责;有些作者对编辑部投稿地址不加确认就贸然投稿,很可能稿件投去了错误的地方,甚至还白交了版面费,交费后作者再来质问编辑部,但编辑部并未收到稿件;等等。另外,作者不注明联系电话或电话号码错误,甚至论文缺少作者信息、中英文摘要等现象也普遍发生。

2.6　学术不端因素

学术不端是近年来学界乃至社会关注的一个话题。对论文而言,学术不端主要分四种:第一种是剽窃观点,即采用他人观点而未注明;第二种是剽窃文字,即照抄他人文字表述而未注明出处;第三种是全篇的复制抄袭超过了一定比例;第四种是一稿多投乃至一稿多发。

学术不端的各种行为中,全篇高比例的文字复制是最为普遍和严重的。"复制、粘贴"已成为当下一种最通行的论文写作方法,即通过将已经公开的文章或信息拷贝过来,加以排列组合和改头换面后变成自己论文的行为。为了应对这一论文抄袭现象,期刊在审稿机制中一般都有学术不端检测环节,即通称的"查重检测"。目前为期刊提供学术不端检测服务的主要有中国知网、万方数据、重庆维普和PaperPass。其中,中国知网开发的"学术不端文献检测系统"受到学术期刊的普遍欢迎,已成为编辑人员遴选论文的好帮手,成了学术期刊有效打击"学术不端"行为的利器,也是目前检测对比文献资源最齐全的学术不端检测平台，其涵盖的资源平台主要有中国学术期刊网络出版总库、中国博士学位论文全文数据库/中国优秀硕士学位论文全文数据库、中国重要会议论文全文数据库、中国重要报纸全文数据库、中国专利全文数据库、互联网资源、英文数据库（涵盖期刊、博硕、会议的英文数据以及德国 Springer、英国 Taylor & Francis 期刊数据库等）、港澳台学术文献库、优先出版文献库、互联网文档资源。自 2013 年中国知网升级为 5.0 系统后，该检测系统对文字复制的检测已经达到相当高的水平。一般认定 30% 是学术不端检测的最低要求，但不同学科、不同类型、不同水平的期刊对于采用稿件的查重检测比例有着不同的要求，如自然科学一般低于人文社科类期刊的查重比例要求、综述类文章比例高于其他研究类文章等。从图书情报学期刊特别是优秀的图书情报学期刊目前要求来看，20% 乃至 15%、10% 是其要求的最高比例。

一稿多投乃至一稿多发是另一种常见的学术不端行为，近年来频发和遭严肃处理的学术不端多属于这一种行为。关于一稿多投，一些作者甚至会通过邮箱群发各个期刊，一些作者也会在某一期刊通过了初审、复审、同行评审乃至主编终审采用后申请撤稿，一些作者由于投机取巧心理作祟，甚至在两家期刊均发表同一篇文章，构成严重的一稿多发学术不端事件。从期刊利益角度来看，作者的一稿多投、一稿多发，不仅是一种随意、投机取巧的行为，也是对期刊品牌与编辑工作的亵渎，期刊编辑部普遍会通过将作者拉入黑名单、直接通报等惩罚方式予以应对，这无疑对作者个人学术声誉与稿件的投递采用非常不利。

3 影响论文采用的格式与规范问题

除竞争激烈、学术不端等内外在影响因素外，论文不被录用，还存在着一个被作者忽视的问题，即文章的基本格式和基本规范问题。

学术论文由基本的要素组成，也有着固定的格式和规范要求。学术论文主要由标题、摘要、关键词、正文、参考文献等组成，但每一部分有其固定、基本的格式和规范要求。这些格式和规范要求，是学术文本演进的必然结果，也是长期以来人们在学术交流过程中的智慧凝结。不论是标题、关键词、摘要、参考文献，还是前言、结语等正文内容，也都有其不可替代的作用和功能。但是许多作者对学术论文的格式和规范要求并不重视，在这种心态影响下，就会出现一些问题，如：

（1）文章前置部分失范。主要表现为：标题不作为，要么冗长，要么出现病句；关键词出现词组或短语，或者切分标题；摘要不得当，定性描述代替事实描述，出现自我评价。

（2）文章主体部分失范。表现为：引言对研究背景、内容、意义没有实质性描述，自我定义过多，既违背学术常识，也违背科学规矩；全文没有问题意识，通篇空话，不涉及问题，不研究问题；研究方法缺失，文章没有研究过程，自话自说，以结论代替讨论；参考文献或著录不规范，或正文标注的与文后参考文献不一一对应，或引用文献过于陈旧，或引用文献内容太多，涉嫌抄袭；等等。

3.1 标题的要求与规范

标题“是连接读者和作者的桥梁，它是科研成果精炼的概括，能使科研工作者在查找相关文献时快速准确地了解文章的主要内容，缩小和定位研究范围”[1]，是判断一篇论文水平的重要信息，必须用心斟酌。论文标题常见的问题主要是出现病句、冗长啰唆和观点外露。

（1）标题出现病句。错误的句子统称为病句。病句除语法错误外，还有搭配不当、表意不清、逻辑不通等方面的问题。出现病句的标题会让人困惑，会分流和消解人们阅读文章的热情。作为学术论文，出现低级的语法错误是很难让人接受的。如：

《信息生态系统在高校数字化图书馆建设中的思考与应用》

这篇文章的标题就是一个明显搭配不当的例子，“信息生态系统”不能与“思考”搭配。

《浅谈高校图书馆阅览室的特点及育人功能的探讨》

这个标题则是“浅谈高校图书馆阅览室的特点及育人功能”和“高校图书馆阅览室的特点及育人功能的探讨”两个句子的杂糅。

有很多人赶时髦，喜欢用“基于……”的句型，反而弄巧成拙，成了病句。如：

《基于网络时代图书馆对大学生网络阅读引导》

《基于网络环境地方高校图书馆信息组织与开发策略》

《基于 AHP 构建图书馆导入 RFID 技术决策模型》

《基于 OA 文献概念及应用前景探讨》

“基于”相当于“以……为基础”，譬如“基于核心价值观的人力资源管理”，相当于“以核心价值观为基础的人力资源管理”。在使用“基于……”句型时，一定不能缺少结构助词“的”字，同时还要检查句子是否通达，表意是否清楚。

主客体指代不清或发生错位造成的表意不清问题值得特别注意，如：

《近20年来我国对东盟经济研究论文的统计分析》

这篇文章的标题就存在着主客体指代不清的问题："我国"只是一个概念，不可能去"统计分析"什么；从逻辑上推敲，这里的"我国"应该是指"我国研究东盟经济问题的作者"；"统计分析"的主体或者说动作的发出者是谁，是作者自己还是别人，从标题是看不清楚的。

（2）标题冗长啰唆。标题应选用简明的文字恰当、准确地反映论文中最重要的内容，但标题冗长是一个较为常见的问题。标题太长，不利于读者理解和抓住文章中心。如：

《图书馆经典作品"深度的阅读"将成为治愈网络语境"信息焦虑综合征"的一剂良药》

这样的标题就会让读者琢磨半天，既费时又费脑。简练明确的标题，看起来一目了然，读起来干净利落，可以让读者直奔主题，既有利于理解，也有利于记忆。简明反映了作者的思维能力和概括能力，只有做到高度概括，才能准确揭示文章的本质属性，才有语言的简明。如：

《信息公平因素分析及构建信息公平社会对策研究》

完全可以提炼为《信息公平阻碍因素研究》，言简意赅。对文章标题的提炼，有助于作者深化文章的主题，对问题进行更为深入的思考。

（3）标题观点外露。一些文章的标题，类似社论和时评，如：

《高校应率先实现数字化图书馆》

《如何让图书馆在社会阅读的大变革中立于不败之地》

《在倡导全民阅读活动中发挥图书馆的主力军作用》

我们知道,社论、时评、短评与学术论文在标题上的最大区别是,一般社论、时评、短论等报刊论文往往在题目中就表明了作者的观点,这是社论、时评、短论等报刊论文本身的特点和功能所决定的。学术论文则不同,其题目只确定研究内容或研究范围,一般不表达观点。文章的研究发现和作者观点是在研究之后才形成的,应当表述在论文的结论中。在论文标题中表达观点,会给人一种先入为主的生硬,失去了学术论文的厚重感和逻辑魅力。

论文题目出现病句、冗长啰唆、观点外露等问题,会给审稿造成困难,也会使编辑对这些文章的判断标尺下移。造成上述情况的原因,从主观讲,是作者对标题的定位、概括、揭示、限定等作用认识不到位,因而对标题不够重视,没有在标题上下功夫。从客观讲,病句说明了作者在文字基本训练、研究选题设计方面存在缺陷;逻辑错误说明了作者思维混乱;不简练往往反映了作者对文章研究的相关知识组织和资料驾驭还不到位。在设计和斟酌论文标题时,一定要反复推敲,坚决避免概念、逻辑、语法方面的错误,因为它既是文章的门面,也是作者的门面。

3.2　摘要的要求与规范

摘要是论文内容的简要陈述。摘要是揭示文章内容的重要窗口,由于文献信息浩如烟海,用户在文献检索时主要是通过标题、主题词和摘要来判定文章的研究内容、研究主题与研究价值的。所以论文摘要的书写是否规范以及质量高低,既会直接影响论文的可见度,也将影响文章的传播与阅读,乃至被检率和被引频次。高质量的摘要,利于编辑人员审稿,利于文献检索数据库的建设和维护,也利于读者阅读利用。目前图书馆学、情报学论文摘要撰写中存在的主要问题有:定性描述代替事实描述和出现自我评价。

(1)定性描述代替事实描述。所谓定性描述,就是使用结论式语言对文章进行概括性描述。如:“文章概述了我国数字参考咨询服务的现状,指出了存在的主要问题,并提出相应的对策。”定性描述所揭示的内涵太浅,不能反映全文内容。摘要应包含能概括论文研究结构、研究内容、研究观点等内容的主要信息,即读者不阅读论文全文,就能获得文章的基本信息,了解文章的研究内容与结论,进而判断文章的研究价值以及是否值得进一步全文阅读。摘要如果不能反映正文内容,也就失去了摘要的意义。因此,摘要应当避免笼统、空洞的定性描述,要对文章的主要思想、主要观点、主要成果、主要事实进行具体描述,客观全面地揭示文章内容。如发表于《中国图书馆学报》2018 年第 1 期的《颠覆性变革与后图书馆时代——推动知识服务的供给侧结构性改革》(张晓林)一文摘要为:

> 针对部分图书馆工作可能被自动化取代的预测,本研究分析了知识内容的数字化、数据化和计算化趋势,指出信息时代正在走向数据时代、数据时代同时在走向计算时代,要求重新审视图书馆服务,重新定义知识发现、知识表达、知识素养和知识服务,推动知识服务的供给侧结构性改革,从基于知识、利用知识的服务机制角度定义图书馆,从嵌入、融汇于用户工作流程的服务活动角度定位图书馆场景,从科学研究、技术创新、教学、生产、管理等知识密集型活动中吸取生命力和发挥作用。

(2)出现自我评价。摘要是以提供文献内容梗概为目的,不加评论和补充解释,简明确切地记述文献重要内容的短文。但有一些论文摘要经常出现自我评价,如:“提出了改进的有效措施。”“……是解决这一难题的最佳方案”“……在实际应用中具有一定的指导意义”“……为图书馆和学校人事主管部门对人力资源的管理和决策提供了科学手段”等。“有效措施”“最佳方案”“指导意义”“科学手段”“全面分析”等都属自我评价,而自我评价会造成读者的心理排斥,也会冲淡摘要的主旨。

3.3 关键词的要求与规范

关键词是反映论文主题概念的词或词组。受多种因素影响,许多情况下,标题不能完全揭示一篇文章的内涵。因此,关键词对文章内容进一步揭示的作用就显得特别重要。关键词具有概念特性,它反映了文献特有的内容。因此,它也具有重要的检索意义。一篇学术论文的关键词,关系到该论文和该成果的利用率和学术影响力。学术论文关键词常出现的问题有:出现短语和词组,通用词泛用和简单切分标题获取标引词等。

(1)出现未认同的词组或短语。关键词提取,最常见的问题是将关键词写成未被专业认同的词组或短语,如“在线信息素质教育”“信息资源共建共享”“图书馆信息文化”“问题与对策研究”等。关键词是反映论文主要内容的名词性专业术语,而专业术语是用来指称某一专业知识领域概念的词或词组,如“共享工程”“农家书屋”“非典型性肺炎”等。将关键词写成未被专业所认同的词组或短语,是作者用句子组合、词语组合代替了逻辑组合,既不能揭示文章的研究内容与主题,也不能在文献管理系统中与检索关键词进行有效匹配,从而降低了论文被读者检索到的概率。

(2)通用词泛用。通用词是指那些在专业领域没有独立检索意义的泛指词。通用概念词不属于任何学科,内涵较浅,词义简单,一般难以使主题标引深化。如“研究、调查、设计、分析、方案、总结、进展、概况、探讨、报告、方法、模式”等均为通用词。由于通用词不具有独立检索意义,所以不能作为读者查找文献的入口。如某文章的关键词为“机构知识库模式分析”,其中通用词“模式”“分析”没有检索意义。如果论文的关键词过量地使用通用词,也会影响到关键词对文章研究内容与主题的揭示,也会影响到文献管理系统在用户文献检索时的检索词匹配与检索效率。因此,在标引时最好不用通用词。

(3)简单切分。在很多情况下,标题并不能完全反映文献的主题。需要进一步发挥关键词揭示文章主题的作用,填补标题揭示没有涵盖的专业领域及相关知识,以期达到理想的深度和广度。从这个意义上讲,关键词的作用是不可替代的。而简单拆分标题,关键词便形同虚设,起不到补充和深度揭示作用,无法使文献主题深化。

对关键词选取的不重视,源于相当一部分人认为关键词不过是形式而已,无关紧要。没有认识到关键词这一“形式”在揭示文章内容、提升文章可见度方面所扮演的角色和在学术交流、知识传播方面的功能,没有从学术规范的高度去认识问题。因而导致了论文关键词下笔的随意和粗放。

3.4 引言的要求与规范

引言又称前言或导语。作为学术论文的开头语,引言的目的是向读者说明研究的目的和来龙去脉,引导读者领会论文的中心内容,吸引读者对本篇论文产生兴趣,快速抓住论文的主脉,帮助读者判读论文的创新点,判断是否有继续深入阅读的价值,是评判一篇学术论文是否有学术价值的关键所在。一般而言,引言需简要说明论文研究工作的目的、范围、相关领域的前人工作和知识空白、理论基础和分析、研究设想、研究方法和实验设计、预期结果和意义等内容,但一篇论文的引言不可能面面俱到,需要根据文章的研究选题及逻辑结构设计去简要说明部分上述内容即可。引言写作的水平,也直接影响审稿者对该论文学术水平的评价。

从目前流行的结构式引言撰写体例来看,一是介绍论文研究领域的背景、意义、发展状况、目前的发展水平等;二是对相关领域的文献进行回顾和综述,包括前人的研究成果、已经解决的问题,并适当加以述评或比较;三是指出前人尚未解决的问题、留下的研究空白,也可以提出新问题和解决这些问题的方法、思路,从而引出自己研究课题的动机与意义;四是说明该论文的研究目的;五是概括论文的主要内容,或勾勒其大体轮廓。

写好引言,必须将引言所包含的基本内容按照一定的逻辑有序展开。根据引言应包含的基本内容,可以将引言分为 3 个层次:一是开门见山。引言一开头就能让读者接触到文章的中心,了解文章的基本内容是什么,而不能“下笔千言,离题万里”。二是引人入胜。引言开头要让读者对文章产生良好的初步印象,这就要求它要有实质性内容和易于吸引读者的词句。三是简洁明了。引言文字不宜过长,以免显得头重脚轻,结构不匀称。

3.5 参考文献的要求与规范

从目前的发展和应用态势来看,很多学者乃至期刊所谓的“参考文献”实际上是指文后的引用文献。而引用文献其实是参考文献的一部分，只不过目前人们将它泛称为参考文献。从我国学术研究的参考文献发展渊源来看，由于历史原因，我国学术界此前写文章的主要方法是靠记忆著述、凭印象说事，这种惯性也一直影响至今，我们目前仍能看到一些文献依旧存在引用不标注、参考不著录的现象。自20世纪末以来，在西方学术规范以及法制观念普及特别是版权、著作权法颁布实施的影响下，我国的学术论文写作特别是人文社会科学领域的论文写作逐步走上规范研究的轨道，参考文献也逐渐被我国学者所重视，有关部门先后颁布了许多学术论著体例的规范。如：2004年6月21日，教育部首届社会科学委员会通过了《高等学校哲学社会科学研究学术规范（试行）》；2004年底，南京大学中国社会科学研究评价中心对CSSCI各来源期刊做出“凡引必注”的要求。以此为标志，人文社科学术期刊就论文写作参考文献要求达成了共识，参考文献是否“凡引必注”、著录规范逐渐成为稿件能否被录用的前提条件之一，也成了近年来是否是学术不端行为的一大判定标准。

参考文献于学术研究及论文写作而言，有重要的作用：

（1）尊重知识劳动和知识产权的体现。研究报告或学术论文中通过参考文献的方式引用了别人的研究成果，不仅表明论文作者对他人科学研究劳动和知识产权的尊重，也免除了抄袭或剽窃他人成果的嫌疑。

（2）学术创新的体现。任何科学研究活动都是对前人研究的继承和发展，需要通过参考文献的方式来借鉴前人或他人的研究成果。

（3）学术严谨的体现。学术论文参考文献的规范著录是论据真实、可靠及科学的保证。论文参考文献的水平，也体现了这项研究的方法运用、资料驾驭、论据组织等是否具有足够的严谨性与科学性。

(4)学术后盾的体现。论文是站在已有大量学术成果和研究结论上展开的创新成果,其参考引用的学术成果则是论文站稳脚跟的基石,保证了文章有着坚实的学术后盾支持。

(5)论文水平的体现。参考文献是判断一篇文章学术性的重要依据,从参考文献的水平和质量,大体可以体现文章本身的水平和质量。通过文章参考文献的占有量在一定程度上能反映作者的学术视野与知识积累。

学术论文参考文献目前存在的主要问题是文献虚引、著录失范和照搬照抄。文献虚引是指在论文正文中不做参考文献标注,但在文后罗列参考文献。文献虚引现象说明部分研究者只是把参考文献视为文章的装饰或形式,并不懂其真谛与作用。著录失范是指参考文献著录信息不全、信息错误、方式错误等现象,造成这一现象的主要原因在于研究者没有掌握参考文献的著录规则。所谓照搬照抄问题,就是在目前业界及期刊对参考文献的数量、质量特别是外文文献来源、图书来源等做出一定要求的背景下,一些学者投机取巧,从一些经典优秀论文中照搬照抄一些参考文献信息,以此充作研究成果的参考文献来蒙蔽期刊、同行的质量审定与价值评判。

对参考文献的认识缺位是造成参考文献虚引和著录失范的主要原因。毫不夸张地说,参考文献成了相当一部分作者文章水平提升的瓶颈,如果对参考文献的认识问题得不到彻底解决,就无法逾越这道门槛。

3.6 研究方法的掌握与应用

研究方法是指在研究中发现新现象、新事物,或提出新理论、新观点,揭示事物内在规律的工具和手段。如图书馆学常用的主要研究方法有：个案研究法、访谈法、问卷调查法、文献研究法、比较分析法、内容分析法、定量分析法等。没有研究方法支撑的科学研究，其研究结论的科学性也必然受到质疑，其所建构的理论以及提出的种种所谓解决问题的"建议"与"策略"就成为无意义的"意见表达"。

从某种意义上说，有什么样的研究方法，就有什么样的科学研究。研究方法对于学科建设、学术规范和个人能力的提高均有重要的作用。

(1)有利于学科的发展。科学发展史证明，任何一门科学的理论研究和应用研究，只有使用科学的研究方法，才能揭示事物的内在规律，建立完善的科学体系。学科研究方法也是衡量一门学科是否成熟的重要标志。每一次对学科发展难题的突破也促进了对学科研究方法的进一步改进与完善。对于图书馆学而言，研究方法的应用创新是学科方法论建设的主要途径，它的进一步发展将成为学科成熟的重要标志，如图书情报学专业的文献计量方法、引文分析法对其他专业的学者也产生了一定的影响。

(2)有利于学术规范的形成。学术规范是研究者在从事科学研究过程中所要遵循的一些基本程序、基本方法和基本要求。每一种科学研究方法都有其严密的论证过程和对研究结论的检验过程，是对科学发展规律的正确揭示与发现。对每一种科学研究方法的正确、科学运用，也是一个科学的研究流程、研究体系的实践过程，因此，研究方法对于学术规范的形成和完善有很重要的意义。

(3)有利于学者学术水平的提高。研究方法既是科学研究的重要内容，也是学科发展创新的重要动力源泉。科学研究本身就是方法学的运用研究，而科学研究的过程也伴随着科学研究方法的创新。

从这个意义上说，研究方法的选择，也就决定了论文是否具有达到高水平的基础条件。方法越是得当，论文就越有可能达到更高水平。对研究者来说，掌握了足够的、科学的研究方法，就能在论文撰写、课题研究中事倍功半，收放自如。

由于学科研究特性的关系，有些研究方法是某专业所特有的，如生物学的观察法、图书情报学专业的文献计量法等。有些研究方法通用度高，适合不同的专业和领域借鉴运用，如比较方法等，而有些方法的通用度低，如实验法更适用自然科学。因而，在选择研究方法时，要根据研究选题和实际情况选择合适的研究方法。研究方法是相互影响的，特别是随着交叉学科的出现，科学研究方法也开始跨学科发展和交叉运用，在一个课题乃至论文中出现多种研究方法、跨学科研究方法、混合研究方法已是常态，如图书馆学近年来逐渐广泛运用的田野调查法，发展于人类学与社会学，但目前已在图书馆学的信息鸿沟、代际研究、信息贫困等领域得到较多应用。所以，图书馆学人在获取和选择研究方法时，一定要关注其他专业的研究方法，以便开阔图书馆学研究的眼界，借鉴、综合运用其他学科能帮助我们开展研究的方法。

目前，图书馆学研究存在的问题主要有：

(1)方法缺位。论文论述简单，一个很重要的原因就是不掌握方法。相当一部分作者，尤其是基层单位的同仁，基本没有研究方法技能和研究方法意识，他们写文章的特点就是空对空，列举一大堆原则，强调一大通重要性和必要性，不是发感慨，就是提建议。这种文章，没有调研，没有事实，没有材料，没有数据，没有图表，通篇不见研究方法，论述停留在表面，讲不出道理，说不清问题，全篇自说自话，研究停留在表面。研究方法问题成了大部分作者写作水平提高的瓶颈。

(2)研究方法与研究选题不匹配。论文研究方法的选择必须和论文的选题相匹配,才能达到论文研究的目的,取得科学的研究成果,并被期刊发表和学界传播,进而产生研究价值。否则,就会出现不顾研究对象的具体特点而盲目套用某些研究方法的问题。如《图书馆员工绩效评价体系完善研究》一文,该文研究的对象是员工绩效评价体系,本应该用列举和比较的方法,指出现有员工绩效评价体系存在的不足,然后根据这些不足,或提出一个更为完善的指标体系,或在现有的评价体系上进行完善,如评价指标增删、权重重新分配等,并通过所完善及创新的评价体系与已有评价体系的比较,让读者知道新体系的优势、创新、价值所在。但是该文仅用了描述法和图表法,用图表展示绩效评价流程图和绩效评估的指标内容,这样的研究方法选择,既让作者无法将自己想要表达的创新点、研究结果、结论呈现出来,也无法让读者发现文章的研究价值与创新之处,无法让读者明白文章的研究目的、研究思维、研究意义是什么。那么,这篇文章在学术期刊(特别是优秀期刊)发表的可能性就很小了。

掌握研究方法,特别是具有数理计算、计算机软件辅助、实证调查特征或要求的研究方法,必须通过阅读观摩、实践演示等方法加以训练:

(1)观摩训练。有意识地关注一些本学科及相近学科的一流专家,研究他们的文章所用到的研究方法及驾驭这些研究方法的逻辑思维、文章结构、知识储备,以此培养自己的方法意识。

(2)比照训练。比照写作是一种提高较快的写作训练方法,通过学习模仿，比照业界高水平论文的研究方法以及语言表达、研究范式等，进一步思考、完善与修改自己的论文写作方式，无疑会快速提高作者的研究方法运用技能。

（3）写作训练。在选题选定、动笔撰写时一定要问自己：这篇文章要用什么研究方法？这些研究方法，自己是否有能力去驾驭及实现？为了实现这些研究方法，自己需要做什么准备？当一个人写文章在考虑用什么方法的时候，标志着他已经是一个比较成熟的作者。

3.7 问题意识的作用

问题意识是指个体能够敏锐地感知到问题，不断地提出问题，在实践活动中发现问题、探索问题、解决问题的意识和能力。问题意识对于学术研究的作用有二：

（1）回答问题是学术研究的逻辑起点。问题意识是学术研究的核心要义，是学术研究的出发点和归宿，贯穿于整个学术研究过程的始终。人类的社会文明得以向前发展和进步，全部来源于问题意识。

（2）问题意识是创新的前提。学术研究的本质是创新，而问题意识则正是创新的驱动与条件。科学规律的发现、技术的发明、社会的进步均是始于问题的提出与解决。

问题意识与学术研究的选题也有很大的关系。首先，问题意识是选题来源。学术研究的最显著特点，就是这些研究思维及研究选题均来自人们日常工作实践，科学研究中所思、所想的实际问题，学术研究就是从理论上认识、分析和解决问题。只有具备了一定的问题意识，才能在具体的实践与研究中发现有价值、有意义的学术研究选题。其次，问题意识影响选题内容。学术研究的选题多种多样，而研究者对同一事物发展现象的看待视角、思考维度的不同，即问题意识的不同，也就决定了研究视角、研究内容、解决问题能力的差异。再次，问题意识影响选题价值。当研究者积累的知识储量越大，他思考问题、看待问题的视野就更具广度和深度，解决问题的能力也就更具有体系性、科学性，能将跨学科、跨领域的知识组织、串联并为所研究的选题服务。反过来，这样的问题意识支撑的研究选题也就更有价值与意义。

4 学术论文的投稿策略

经过前期的选题拟定、资料收集、数据处理、撰写修改等过程后，论文就进入到了投稿阶段，如何投稿、向谁投稿便成为不可回避的问题。业界普遍认可"学术期刊以学术质量为中心"等类似准则，但在论文成稿、质量已经基本确定的情况下，还需掌握一定的策略，以让自己付出心血的研究成果在一个尽可能优秀的期刊出版发表。这里要讲的所谓的投稿策略，有的可能是真正的投稿阶段才适用的，如积极反馈修改意见等；但有的是论文发表之后才适用，如提升文章的可见度与影响力；有的则贯穿于整个论文写作周期乃至整个学术研究生涯，如塑造个人学术品牌。这些投稿策略，或许不能让论文在质量上有质的提高，但能为作者在期刊的选择、与编辑的交流、个人学术品牌的塑造等方面有所助益。

4.1 提升学术声誉，塑造个人品牌

在现代社会，信用和品牌十分重要。品牌不仅仅是一种荣誉和名声，而且会创造或影响到人们的物质利益和社会生存环境，社会诚信体系已成为维系社会良好运转的基础。在学术研究领域，撤稿、剽

窃、造假等学术不端行为的频繁出现，也将个人学术品牌这一原本并不为学界所重视的话题逐渐被社会广知，并成为社会热点。

在科学研究领域，个人的学术品牌往往分为两个相互关联的方面：一个是人品，一个是成就。一个在科学研究领域成就卓著的人，往往也会给人们传递出伟大和高尚的人品信息；一个人品高尚的人往往也会传递给人们一种正确和可信的信息，进而让人们对其工作给予肯定。在科研论文发表过程中，个人的学术品牌也时刻影响着编辑出版者对作者论文的评价。尽管在同行审稿中，为了减少作者个人品牌的影响，一般实行的是“双向匿名”审稿。因此，打造和树立良好的个人学术品牌，不但有利于个人形象的宣传与营销，也有利于科研成果的传播与发表。例如，编辑人员在根据审稿人的审稿意见决定后续审查流程时，作者的个人学术品牌必然会起到一定的作用。这些学术品牌包括作者所属单位、师承导师、科研团队、前期课题研究等诸多方面。当然，这些品牌有些或许是正面的，有些或许是负面的。作者当下及下一步行为也影响着品牌的价值。

在科学研究和学术出版中，除去单位、团队等外在环境影响，作者的个人学术品牌还会因为发表高影响力论文、一稿多发等行为产生或正面、或负面的影响。

(1)个人学术品牌的正面塑造行为及策略

积极向上的学术行为，如参与期刊编辑社区、学术交流社群、学术团体组织、学术会议以提高自己的学术声音，通过课题项目、领域经典著作打造属于自己阵地的科研领域，努力争取成为学术期刊的同行审稿人，厚积薄发、精心撰写属于自己的高影响力代表作，积极撰写学术博客提升自己的网络活跃度，积极参与学术达人的科研团队以跻身学术主流视野等,以上均是可以有效正面塑造个人学术品牌的行为和策略。需要注意的是,在快速变化的互联网环境下,个人学术品牌需要通过多种方式去打造,更要通过网络站点、视频、评论等更加丰富的方式加以充实和维护,重视学术经营和品牌传播。

(2)个人学术品牌的负面影响行为及后果

随意撤稿、抄袭、剽窃、一稿多投、一稿多发、数据造假、高复制率等学术不端行为和欺骗行为,在投稿、与编辑交流过程中对审稿意见不重视、退稿后被他刊发表则讽刺或人身攻击编辑等不道德行为,研究主题飘忽不定、劣质论文高产、恶意炒作、作者挂名、自引自评、成果买卖、学术作坊等其他行为,均可为个人学术品牌的塑造带来负面影响,进而使编辑在稿件审稿过程中对论文水平、科研结果产生怀疑,其结果可想而知!从后果来看,这些行为或违背了科学精神和科学研究准则,或弄虚作假、投机取巧,与科学背道而驰。其影响的不只是单个科研个体的学术声誉和单篇成果的采用与出版,甚至会影响到一个团队、一个集体、一个组织的学术品牌和声誉。在注重个人品牌维护的同时,也应该关注个人所在团队的品牌,因为每一个人都不可能置身世外。

4.2 了解期刊特征,掌握业界动态

中国的学术期刊,特别是人文社会科学学术期刊的数量,大概有2400余种。由于各个期刊办刊环境、办刊理念等方面的差异,每一学科乃至每一期刊之间存在着很大的差异。同时,由于办刊主编、学界发展动态对于一本期刊的发展走向起着决定性影响,不同时期的同一期刊也会呈现出不同的发展特征。对于作者来说,做好有针对性的投稿、一投即中的工作基础就是了解期刊的发展特征和学界的发展动向。

(1)了解期刊的特点

从学术期刊的特点来看,主要有学术评价视角下的是否为权威期刊、核心期刊、正式出版期刊以及发文数量、投稿录用率、版面费收取标准、影响因子、转载率等判别信息,以及学术传播视角下的是否多平台传播、是否开放存取、发稿周期长短、发文学科分布、发文作者群体比例等信息。在选择投稿期刊时,你需要了解期刊发文的学术水平、难易程度、学科领域、栏目设置等信息。了解具体的期刊特征、发文规律等,可以通过研读期刊的稿约、投稿须知等告示类信息,也可以通过统计及分析期刊所设栏目发文数量、关键词频率、作者分布等,还可以借鉴学界已有对相关期刊的研究成果,或网络社区中业界同人看待期刊的交流信息。

(2)掌握学界业界的动态与发展

尽管学术期刊的基本功能是学术知识公开、成果传播,但也兼具教育学人、科学引领的作用。反之,学界、学科的发展也需要学术期刊的成果展示与传播。因此,学界业界的发展与期刊发展同步前进,互为促进,了解期刊当前乃至未来的发展动态,就需要了解学界业界的发展动态。同时,对作者来说,了解学界研究的发展趋势,进而根据过往期刊的发文特征来研判期刊未来的组稿举措,如可能出现的稿约、特设栏目等,进而在选题选取、稿件投递等方面应用大数据思维(趋势预测、未来研判)来指引,起到事半功倍的效果。从具体需要掌握的学界业界动态信息类型来看,可以关注和掌握本学科及相关学科的国家社科基金立项项目、国家自科基金立项项目、教育部基金立项项目、科技部基金立项项目、学会(协会)基金立项项目,以及学界学术年会、专题研讨会、博士论坛等会议主题、征文主题等内容。

4.3 评判文章水平，匹配适合期刊

从科学研究工作本身来讲，其内容十分广泛，研究成果的类型也是多种多样。不同研究领域产生的科研论文，其性质也有所不同，不同的研究阶段产生的成果更是多种多样：有理论性的，有实验性的，有应用型较强的，也有前沿探索性的。不同性质的论文不能用同一评价标准来评价。不能说理论性研究论文就一定比应用性论文的水平高：不同学科、不同研究领域、不同性质的科研论文有各自的读者对象和应用领域。同样，不同学科、不同级别、不同水平的期刊也都有各自的定位，如办刊宗旨、编辑方针、发稿范围、学科领域以及读者群体，作者在一篇论文成稿前后，乃至从选题确定时起，就须根据自己论文的特征和期刊的发文特征，准确评判文章水平，匹配适合的期刊。

对于期刊文章水平的评判，于一般作者特别是处于成长道路上的成长型作者而言，由于受思维定式、自我欣赏、学术素养等因素的限制，作者自己很难对自己的文章做出准确研判，可以邀请团队其他成员或具有一定学术素养或学术研究水平的同行（包括大同行和小同行）进行评判，重点就论文的学术规范、选题立意、创新价值、逻辑结构、语言表达、研究视野等水平进行判断，并就存在的问题、不足提出修改建议。

对于期刊的选择匹配，主要步骤有：

(1)定位自己是什么

每一个作者都有相对固定的职业、学科背景及研究方向，开展的学术研究也就相对聚焦于一定的知识领域。因此，在选择期刊时就需要明白自己做的是什么研究？研究领域属于什么学科？相关、交叉学科有哪些？学术类期刊的读者对象多为科学研究工作者，更喜

欢发表一些理论性较强的研究成果；技术、应用类期刊的读者对象多为工程应用领域的实际工作者，更喜欢发表一些应用价值较高的论文。如果将一篇应用性较强的论文投向学术类期刊，所得到的评价一定是“学术水平一般”。如果将一篇学术性较强的理论性论文投向应用类期刊，所得到的评价一定是“应用价值不大”。只有清晰地定位了自己的研究类型、学科领域，才能在对应的学科或交叉学科期刊、综合期刊中找到适合的期刊。

（2）明白自己要什么

发表科研论文的目的是为了开展学术交流，但在目前各种学术评价均日趋等同于期刊评价的评价体系下，我们也不能回避人们发表论文的功利性驱动。为了解决我们现实工作中需要的问题，我们也就一定要明白自己发表文章的诉求是什么，这样才能确定自己的论文需要发表于什么样的期刊，进而在论文撰写形成以后，甚至在撰写以前，就以这些可以满足要求的期刊为参考、投稿参考样本，力求自己论文达到其发表要求。

（3）确定自己干什么

在投稿阶段，可以将满足要求的这些期刊的要求、水平等进行层次划分，最后根据自己的需求特征，如发稿周期、版面费高低、是否开放存取、是否是中文核心期刊、可否网络投稿等进行考量，选择自己的投稿期刊。在这一过程中需要注意的是保住重点和避开热点两大策略。所谓“保住重点”就是在保证最基本需要的情况下，将水平较高的论文投向水平更高、影响更大的期刊，争取提升自己的学术影响；“避开热点”就是尽量避免将论文集中投向热点期刊。这样，既可以做到所投送论文比较符合期刊的要求，又可以使作者的科研成果资源得到充分利用，发挥最大功效。

论文的录用与否，与科学研究的水平和论文的协作水平有关，同时与投向的期刊是否适合发表也有相当大的关系。即使论文的性质与期刊的性质相符，还应当关心你所研究的主题是不是期刊的主要发稿或重点发稿方向。每一种期刊都有自己的发稿重点、有自己的特色栏目，重点学科或重点方向的论文录用率往往会高于一般学科和方向的论文录用率。

4.4 注重投前自查，避免轻易拒稿

在一篇论文经过了前期的文献查阅、资料收集、实验验证、数据处理、文字撰写、结论推导等科研过程，以及期刊匹配等阶段后，意味着这篇凝聚着作者、团队心血的科研成果真正进入了投稿阶段，那么，能第一时间将论文投稿吗？答案显然是否定的。这是因为尽管科学研究特别是部分学科的时效性特征驱动着论文成果的第一时间传播，但论文可能存在的作者研究思维定势、细节注意不够等缺陷，也意味着论文缺点在编辑、主编和同行评审的过程中将被放大，最终可能因一个小的疏忽或瑕疵而导致连稿件修改的机会都没有，既不利于成果的传播与刊发，也会影响到自己的综合个人学术品牌的塑造。这就要求作者投稿前需进行最后的细节检查，乃至反复修改，不给期刊轻易拒稿留下任何的借口。

稿件的最后检查与修改，主要是对前期撰写、修改过程中合作专家、团队成员等评判意见的修改效果进行检查，对论文是否匹配期刊投稿要求进行检查，对可能存在的非学术性影响因素进行检查。

(1)论文评判意见的修改效果检查

邀请科研团队成员等第三方进行投稿前的小同行评判是论文成

稿后提升质量的一大捷径。虽然评审者的知识结构、评审视角以及评审要求等可能与期刊审稿人相一致,但广泛、中肯的评判意见也可以为论文质量提升带来意想不到的效果。论文投稿前的最后一遍自查工作之一就是要检查论文在写作过程中合作专家、团队其他成员等第三方的评判意见,如对提出的摘要书写不规范、创新之处不凸显、图表制作不规范以及具有专业化审稿水平的"选题很好但研究缺乏说服力"等意见是否理解到位、修改到位。

(2)对论文是否匹配期刊投稿要求进行检查

学术规范的普及和发展,驱动着学术期刊特别是同一学科、优秀水平的学术期刊的投稿须知呈现趋同化,但不同的学术期刊投稿须知也存在一定的区别。论文投稿前的最后一遍自查,自查内容之二就是要检查论文投稿提交时必备的内容、条件是否齐全、规范,如需提交的支撑论文研究的科学数据是否根据投稿须知进行了标准的数据处理、摘要是否为投稿须知要求的段落式书写格式,等等。

(3)对存在的非学术性影响因素进行检查

影响论文是否采用的学术因素固然重要,但实际投稿过程中还有形式繁多的非学术因素也同样不容小觑。论文投稿前的最后一遍自查,自查内容之三就是要排除论文可能存在的影响论文采用的非学术因素,如投稿提交稿是否具备基本的投稿信息、是否为修订接受版即最终版、字体字号是否符合大众审美,等等。

不让期刊轻易退稿,就是要求论文具备"看上去顺眼、读起来顺口、想起来顺心"的基本条件,以让审稿人有继续读、仔细读的欲望,让"用起来顺意"(发表)成为可能。

4.5 掌握文章投稿技巧，加强与编辑的交流

学术期刊的出版，涉及的方面比较多，但从利益相关方的视角来看，最主要的是编辑和作者。作者希望发表自己的研究成果，编辑试图选出优秀的成果发表。选择就必须有稿源的基础，否则就没有选择的余地。既然有选择，作者就要面对录用或退稿的结果。编辑必须退掉不需要的论文，而作者都希望退掉的不是自己的论文，争取录用的结果。编辑的日常工作就是通过专家的辅助决定录用或是退稿。作者则会不断追问：为什么不能录用？如何才能录用？这就是学术期刊出版中的一种博弈。博弈是有规则的，录用是有标准的，可是不同的期刊有不同的标准，不同的编辑也会有不同的价值取向，所以对于作者而言，可能就会感到“无所适从”。作者层次有不同、研究有深浅、水平有高低、价值取向有差异，面对退稿和录用的反应也不尽相同，并通过投稿后的与编辑交流表现出来。

论文录用与否的依据在于同行评审意见，但是否送给同行评审、是否提交主编审查的决定权，往往掌握在编辑的手上。与作者打交道的就是这些决定论文命运的期刊编辑，因此如何与编辑打交道是作者需要具备的能力。与编辑打好交道的方式方法或许有很多，但我们认为互相尊重的态度、真实有效的沟通、角色置换的思考是作者与期刊编辑打好交道、顺畅沟通的基础。

(1)互相尊重的态度

在日常的编辑出版活动中，尽管期刊编辑和作者在论文出版这一行为中扮演了不同的角色，是不同的利益相关者代表，但需要明白的是，期刊编辑也是实在存在着的自然人，有理想和尊严，和作者一样生活在社会和组织的约束之中，互相尊重是双方沟通交流的前提和

基础。因此，在与编辑的沟通过程中，作者的以下行为是不恰当的：投稿前的恭维奉承、退稿后的质问指责、退稿他用的炫耀讽刺，甚至上升到攻击编辑人品人格，特别是最后一种行为，有损作者自身学术素养与品牌形象。

（2）真实有效的沟通

对于作者来说，面对论文录用和退稿的结果，均可以采取不同的沟通方式来沟通、争辩乃至请求，但在沟通中，作者可以解释评审意见中不认可的地方，陈述论文的创新点或价值，提出论文发表时间的要求，咨询其他方面的问题与疑惑，等等。让信息畅通、沟通无阻，但在此过程中也需注意避免不切实际的自我夸张评价，拒不接受评审意见并执意找主编申诉，纠缠于索要退稿意见（在不提供退稿意见的情况下）、同行评审专家信息、主编个人信息，或期刊（编辑）明确告知无法满足要求的其他沟通方式或诉求。

（3）角色置换的思考

作者在论文发表的过程中一定要明白：编辑通过同行评议对作者的来稿进行综合评价和筛选，录用符合期刊发表范围、学术水平高的论文，退稿不能录用的论文，并且要负责论文的退修及录用论文的编辑加工；期刊对论文的录用是有标准的，不同的期刊有不同的录用标准，不同的编辑也会有不同的价值取向和做法。作者如果置换角色，也就能明白编辑工作的立场，特别是在目前优秀稿源稀缺、期刊之间竞争激烈、学术评价残酷的环境下，期刊编辑、评审专家、期刊主编不可能对优秀的稿件视而不见，被退稿或退修，只能说明自己的稿件还有不足，需要做进一步的质量提升。

著名期刊审稿人赵大良将作者和期刊编辑划分为理想型、功利型和制度型三种类型。从作者角度,以积极的心态来看待,我们可以将所有的作者与编辑均看做是理想型的,即作者是以科学研究为目的,但在职称评定、学历教育、申优评奖等现实需求的驱动下,作者也会存在向其他两种类型特别是功利型演化转变的可能。从期刊编辑角度来看,我们也可以将所有的期刊编辑均认为是理想型,即以传播科学研究成果为己任、追求科学的真理性和价值,但在办刊条件限制、人际关系制约、期刊生存考量等因素影响下,期刊编辑也会存在向其他两种类型特别是功利型演化转变的可能。在现实中,每一个作者和编辑也可能兼具多种类型特征,不同博弈结果环境下的与编辑交流方式、策略也应有所不同,而一些找领导、托关系等非学术解决方式也并不一定就是解决问题的最佳选择,特别是对于那些追求传播优秀学术、打造优秀品牌的期刊来说,此等非学术解决方式只能增加编辑人员的反感与厌恶,本着互相尊重的态度进行真实有效的沟通与角色置换思考,才是作者与期刊编辑良好沟通的基础。

4.6 抓住稿件退改机会,积极反馈修改意见

随着期刊间竞争的加剧和同行评审制度在越来越多期刊的推行,稿件退改似乎成了期刊录用过程中的一个必经环节,也是学术期刊出版过程中的一个重要的学术交流互动过程。如果论文经过审稿,反馈给作者的意见为退改,并根据同行评审意见给出了一定的修改建议,那就说明这篇论文被“看上了”,至少编辑认为被录用的可能性比较大,否则不会在没有一定把握的情况下给你发出“修改信件”。当然,处于退改阶段的论文并不是说就一定会被认可和录用,作者对返回的修改意见特别是有关实质内容的审稿意见须十分重视,否则修改不到位,论文质量依旧不达标。作者也必须认识到能够让自己

"修改"稿件,这是一次十分重要的机会,至少是一次与编辑和审稿人交流的机会。可惜的是,一部分作者并不十分重视这次机会,往往以各种理由来应付编辑和审稿人的意见,这样不仅是对编辑好心、同行费心的不领情,更是对自己论文的不负责。一些作者修改后又被要求再次修改,但还是不认真或者不讲究策略,在浪费了大量时间和精力以后,被后续审查的审稿人退稿,编辑、审稿人和作者前期投入的心血被浪费。

一般作者不重视论文退改或者说不会修改的表现有:

(1)对审稿人的意见理解不透,修改不彻底或者不按要求修改。修改意见有时是让作者进行实质性修改,而有时只是让作者说明或考虑,作者没有理解便一再辩解。

(2)看不起修改意见,并认为自己之前的表述很明白了,修改只是简单给予重复性的说明,而不分析或思考审稿人为什么会这样要求修改。

(3)修改得也不错,但由于缺少必要的说明和标示,让审稿人难以发现和找到具体修改内容及位置,不仔细阅读很难看出修改和没修改的区别。

(4)不同意审稿意见,无视甚至蔑视专家的意见,或者仅从自己认为正确的角度论证和辩解。

(5)审稿意见提出的问题有时包含了几个方面,只是挑着回答自己认为重要的,让编辑误解对其他方面的问题有意回避。

(6)对审稿意见指出的研究没有解决的实质性问题,自己心里也清楚但暂时没有条件解决,因而有意或无意地进行回避,不给予正面的回答说明。

其实作者应该明白,不管审稿人的意见是否正确,但是审稿意见对论文的录用与否起着关键性的作用,不能带着抵触的情绪来修改稿件、逃避问题。期刊所聘请的审稿人肯定具有一定的学术水平,既然提出了不同意见,尤其是否定性意见,一般都是审稿人经过深思熟虑的决定,自有其准确、科学、真实存在的学术支撑基础。即使审稿人的意见是错误或片面的,也应该寻求沟通、解释等积极交流方式,不应该想当然地按着自己的思路理解审稿意见。

如前所述,论文修改就是一个学术交流的过程,对于审稿人花了时间精力的意见,作者不能“避重就轻”,更不能“视而不见”,这样做的结果,不仅仅没有解决审稿人提出的问题,而且带有欺骗或蔑视审稿人的嫌疑,稿件被退稿的比例也就相当大。作者面对论文审稿意见时,可以积极地对每一个意见给出具体的修改说明或不同的意见解释,方便编辑或审稿人审核。即使对于不能立刻解决的问题,只要实事求是地坦陈研究或条件的局限性,也会容易取得审稿人的理解,并不一定会影响论文的整体评价和录用。总之,退改是论文被录用发表的一次补救、完善机会,是审稿人和编辑与作者之间的一种交流形式,它是以审稿人和编辑的辛勤付出为基础的。作者应该重视这样的机会,也应该尊重劳动和付出,只要积极回应、反复交流,论文的发表可能性应该是比较大的。

4.7　客观看待评价体系,坦然接受任何结果

出版行业有句行话:有什么样的主编,就会办出一份什么样的期刊。换言之,一份学术期刊就是一个主编的思想体现。这就必然影响一个期刊的选稿标准问题,而这个标准将会随着内部人员的更换、外部环境的变化而出现变化。那么,这个选稿的标准究竟是什么?

能不能用清楚的语言进行描述呢？

要清楚或定量地回答清楚这个问题估计很难，因为选稿是由人工来完成的，那么标准就是一个既有主观标准又有客观标准的混合标准。从哲学的角度来看，客观标准就是客观存在的、不以人们的主观意志而改变的衡量事物的准则。毫无疑问，这种客观的标准是存在的，但是它需要通过人们的主观认识才能反映出来，主观判断是否符合客观现实，这需要一个过程，需要认识的不断深化。这就有一个绝对和相对的问题：客观标准是客观存在的、不以人们的主观意志为转移的，而主观标准又是人们对客观认识的体现，是在不断深入和变化中一步一步地接近客观现实。因此，我们的主观标准不能等同于客观标准，但可以与客观标准逐步趋向统一和一致。从这个角度上来说，我们所见到的永远是一个主观上的反映客观现实的标准，真正达到客观的标准是不可能的。

从具体论文的学术水平评价标准来说，同样我们用以比对的标准只能是一个主观的“标准”，是审稿人、编辑和主编认识、理解客观标准以后而形成的“主观标准”。那么，这种主观标准的正确程度不仅与每一个个体对客观标准认识的程度有关，而且也与整体（社会）对客观标准认识的深入程度有关。个体认识上的不同，则会使人们在评价事物上产生分歧。同一篇论文，有人会认为是一篇优秀的论文，而有人就会认为没有什么学术价值。审稿人与主编之间、审稿人与编辑之间、编辑与主编之间以及编辑、审稿人、主编与作者之间在认识上的分歧，表现出来的就是对客观标准认识的不同。有的认识全面一些，有的认识深入一些，有的认识是从局部深入，有的认识会偏离客观现实。这种现象是十分正常的，是人们认识客观事物的正常过程。因此,期望能够探寻出一个更加符合“客观标准”的论文评价标准,而不是那么几条原则,并且最好是明确而简单、可以量化和操作的标准,这只能是一种愿望。从理论上来讲,这是不可能的。反过来看,正是因为各个期刊主编、编辑主观审稿标准的不一,各个期刊之间才有差异和特色存在,也才能够实现学术研究“百花齐放、百家争鸣”的繁荣景象。

一般来看,学术论文的审稿过程中会考虑以下几个方面的标准:

(1)选题的前沿性——是本学科、交叉学科研究的前沿选题、热点选题,读者受众群体较广;

(2)研究的理论性——对学界业界以后的学术研究或实践工作具有指导、启示价值;

(3)论述的逻辑性——思路清晰、论述正确、表达清楚、语言精练流畅;

(4)写作的规范性——要素齐全、图表清晰、研究规范,引用、参考文献著录完整、合理、充分;

(5)论证的严密性——方法得当、过程严密,论据完整、丰富,结论新颖、可信、科学。

4.8 注重论文传播效果,提升学术研究品质

很多作者在论文成功发表或确定发表后,就认为论文的投稿事宜完成,其实从一个完整的论文发表周期或编辑、期刊的观察视角来看,情况并非如此。首先,从生命周期的视角来看,单篇论文成果的成功发表,只是意味着完成了论文的撰写、投稿、审稿、出版阶段,后期的传播、价值产生和增值阶段并未完成,期刊重视前期的审稿、编校、出版环节,但也重视论文正式出版后的知识传播、价值增值、引用

评价等内容,特别是在目前期刊评价主要以被引频次、影响因子计算的评价环境下。其次,科学研究工作者之间的评价,往往通过同行的科学研究成果来了解。科研工作者通过科研论文的发表和交流来扩大和提升自身的影响力,这便是科研论文的传播效果,而科研论文的传播和交流也有助于促进科研事业的发展。

开放存取、论文的并行发表、个人学术站点、机构知识库、社会化媒体等知识聚合、信息传播方式、媒介的发展,为论文的多途径、多渠道传播提供了可能与渠道。在期刊自身信息传播方式(如传统的纸媒传播与数字出版传播、新型的网络社交媒体传播等)基础上,作者可通过上述多种方式来提升论文成果的可见度,还可以在论文发表后通过学术报告、会议交流、课题申报、后期研究等提升论文的影响力。于期刊而言,具有较高学术品质的学术期刊反对任何的学术炒作、过分自引,但也对正常的扩大学术传播范围、提升学术影响的行为,如链接、索引、转载、摘录、评述、商榷等持欢迎态度。为此,一些学术期刊还专门制定了一些荣誉激励政策,鼓励作者将已发表文章进行开放存取,以在提升单篇成果可见度和影响力的同时,提升期刊的整体可见度与影响力。

(本章第1—2节由王景发撰写,第3—4节由魏志鹏撰写。)

参考文献:

[1] 曹杨,赵硕. 科技论文标题的结构和语言特征——以 Science 和 Nature 为例[J]. 外语教学,2014(2):35-39.

附录1　参考文献著录样例

吴澍时

说明：本样例遵照国家标准《信息与文献　参考文献著录规则》（GB/T 7714—2015）。

每位作者都需要著录论文所参考引用的文献。因此，著录参考文献是论文撰写过程中必不可少的一个环节。参考文献看似简单，有国家标准可供参考，但是很多作者并没有完全掌握，或者是不认真对待。参考文献著录不规范或有疑问，常常给编辑的编校工作带来巨大的麻烦。下面，我结合本专业各类型文献的样例，来讲解怎样著录参考文献，希望能帮助大家更好地掌握参考文献著录规则。

我相信，只要认真对待，并在写作时注意查看著录规则和样例，每位作者都可以正确著录每篇参考文献。

一、文献类型及代码

很多作者常出现的错误是只会著录最常见的类型M、J。但实际上文献类型有很多。正式出版的会议录、报告、档案等，不应该笼统地著录成M（普通图书），而应该按所属文献类型，著录准确的代码。

文献类型和标识代码

文献类型	标识代码
普通图书	M

续表

文献类型	标识代码
会议录	C
汇编	G
报纸	N
期刊	J
学位论文	D
报告	R
标准	S
专利	P
数据库	DB
计算机程序	CP
电子公告	EB
档案	A
舆图	CM
数据集	DS
其他	Z

电子文献载体和标识代码

载体类型	载体类型标识代码
磁带(magnetic tape)	MT
磁盘(disk)	DK
光盘(CD-ROM)	CD
联机网络(online)	OL

二、各类型文献的著录

1.图书专著的著录

格式:

[序号] 主要责任者.题名:其他题名信息[文献类型标识].其他

责任者. 版本项. 出版地:出版社,出版年:起止页码.

示例:

[1] 范并思. 图书馆资源公平利用[M]. 北京:国家图书馆出版社,2011:33-37.

[2] 于良芝,邱冠华,李超平,等. 公共图书馆建设主体研究:全覆盖目标下的选择[M]. 北京:国家图书馆出版社,2011:5-6.

[3] 李钟履. 图书馆学论文索引:第一辑[M]. 北京:商务印书馆,1959:62-77.

说明:其他题名信息,包括副标题、卷次等,在题名后著录,前面用冒号,如示例[2][3]。出版年前面用逗号。起始页码前用冒号。

2. 期刊文章的著录

格式:

[序号] 主要责任者. 题名[文献类型标识]. 刊物名称,出版年,卷(期):起止页码.

示例:

[1] 张晓林. 颠覆性变革与后图书馆时代:推动知识服务的供给侧结构性改革[J]. 中国图书馆学报,2018,44(1):4-16.

说明:出版年前用逗号,卷号前用逗号。如只有期号无卷号,卷号前的逗号省略,写作:

中国图书馆学报,2018(1):4-16.

注意,参考文献著录规则中的标点都是在各项的前面,如果某项缺省,那么连同它前面的标点一起省略。上例中,如果卷数"44"缺省,那么,连同前面的逗号",44"一起省略。

3. 报纸文章的著录

格式:

[序号] 主要责任者. 题名[文献类型标识]. 报纸名,年-月-日

（版次）.

示例：

[1] 吴建中. 冲刺全面脱贫，离不开“文化致富”：上海市政府参事吴建中在浙江省图书馆的演讲[N]. 解放日报，2017－03－07（11）.

[2] 杜羽. 缩微复制：30年记录15万种珍贵典籍[N]. 光明日报，2014－12－11（9）.

说明：3月7日注意在前面加“0”，如示例[1]。版次著录在报纸的出版年－月－日后，置于括号中，注意版次1－9前不加“0”，如示例[2]。

4. 学位论文的著录

格式：

[序号] 主要责任者. 学位论文名[文献类型标识]. 授予学位机构所在地：授予学位机构名称，年份.

示例：

[1] 化柏林. 针对学术文献的句子级知识抽取研究[D]. 南京：南京大学，2013.

[2] 鲍秀林. 国家叙词库框架及其语义映射研究[D]. 北京：中国科学技术信息研究所，2015.

说明：授予学位机构名称前需著录机构所在地，机构名称与年份之间用逗号。

5. 汇编文献的著录

格式：

[序号]主要责任者. 汇编文献名[文献类型标识]. 出版地：出版社，出版年.

示例：

[1] 宋恩荣，章咸. 中华民国教育法规选编[G]. 南京：江苏教育出版社，1990.

[2] 第二历史档案馆. 中华民国史档案资料汇编[G]. 南京:江苏古籍出版社,1994.

6. 会议文集的著录

格式:

[序号] 主要责任者. 会议文集名[文献类型标识]. 出版地:出版社,出版年.

示例:

[1] 马先阵,倪波. 李小缘纪念文集[C]. 南京:南京大学出版社,1988.

[2] 中国图书馆学会. 中国图书馆学会年会论文集:2011 年卷[C]. 北京:国家图书馆出版社,2011.

说明:会议文集专指会议论文结成的文集,出版者与出版年之间用逗号。

7. 析出文献的著录

格式:

[序号] 责任者. 题名[文献类型标识]//编者. 书名、汇编文献名或会议文集名:其他题名信息. 版本项. 出版地:出版者,出版年:起止页码.

示例:

[1] 李华伟. 国会图书馆东亚馆藏史:参考书目指南[M]//周欣平. 东学西渐:北美东亚图书馆 1868—2008. 北京:高等教育出版社,2012:23 - 35.

[2] 古越藏书楼章程[G]//李希泌、张椒华. 中国古代藏书与近代图书馆史料(春秋至五四前后). 北京:中华书局,1982:113 - 118.

[3] SANTOS R L T, MACDONALD C, OUNIS I. Aggregated search result diversification[C]//International Conference on Advances in Information Retrieval Theory. Berlin:Springer,2011:250 - 261.

说明:图书专著中析出文献用"[M]//",汇编文献中析出文献用

"[G]//",会议录和会议文集中析出文献用"[C]//"。

8. 专利文献的著录

格式:

[序号] 专利申请者或所有者. 专利名:专利号[文献类型标识]. 公告或公开日期.

示例:

[1] 国家图书馆古籍馆. 古籍文献整理拷贝台:CN202009821U[P]. 2011-10-19.

[2] 邱晓刚. 古籍、书画、纸质文献纸浆修复工艺:CN1844574[P]. 2006-10-11.

说明:专利号放在专利名后面,前面加冒号。

9. 档案的著录

格式:

[序号] 主要责任者. 档案名[文献类型标识]. 出版地:出版者,出版年.

示例:

[1] 中国第一历史档案馆满文部,黑龙江省档案馆,黑龙江省社会科学院历史研究所. 黑龙江将军衙门档案[A]. 哈尔滨:黑龙江人民出版社,2017.

[2] 中国第一历史档案馆,北京大学,澳大利亚拉筹伯大学. 清代外务部中外关系档案史料丛编[A]. 北京:中华书局,2017.

说明:上例是已经整理出版的档案的著录格式。至于在档案馆查到的历史档案怎么著录,国家标准中并未给予详细举例,但是我们可以参考其中专利文献的著录项目,建议馆藏历史档案按如下格式著录:

[序号] 档案名:档案号[文献类型标识]. 档案形成时间. 馆藏地.

示例:

[3] 太仓审判长为请辞职就医委员接充事呈及江苏都督府指令:1047-1912-062-0014-0026[A]. 1912-05-16. 江苏省档案馆.

[4] 傅良佐致国务院电:北洋档案 1011－5961[A]. 1917－09－15. 中国第二历史档案馆.

说明:国家标准中对档案号的著录没有明确规定,可参照专利文献的著录规则,将档案号著录在题名后,前面加冒号。例[3]中,1047－1912－062－0014－0026 是江苏省档案馆藏该件档案的档案号。虽然有些杂志对档案的著录要求或与此格式有区别,但是档案的题名、档案号和馆藏单位,这些都是必需的要素。有了这些要素,其他人就可以据此去查阅该档案。期待国家标准将来修订时对历史档案的著录进行明确。

10. 标准的著录

格式:

[序号] 主要责任者. 标准名:标准号[文献类型标识]. 出版地:出版者,出版年.

示例:

[1] 中华人民共和国文化部. 公共图书馆建设标准:建标 108—2008[S]. 北京:中国计划出版社,2008.

[2] 中华人民共和国文化部. 公共图书馆建设用地指标:建标[2008]74 号[S]. 北京:中国计划出版社,2008.

说明:标准号紧跟标准名,中间用冒号隔开;标准号按照标准原文格式照录。

11. 电子资源的著录

格式:

一般电子文献:[序号] 作者. 标题[文献类型标识/文献载体标识]. (发布日期)[检索日期]. 获取和访问路径.

传统文献网络版:[序号] 作者. 题名[文献类型标识/文献载体标识]. 刊物名称,年,卷(期):页码[检索日期]. 获取和访问路径.

示例：

[1] W3C Working Group. Best practices for publishing Linked Data[EB/OL]. (2014-01-09)[2018-06-15]. https://www.w3.org/TR/ld-bp.

[2] 江向东. 互联网环境下的信息处理与图书管理系统解决方案[J/OL]. 情报学报,1999,18(2):113-117[2000-01-18]. http://www.ch inainfo.gov.cn /periodical/gbxb/gbxb99/gbxb9902 03.

[3] 张舜徽. 文献学论著辑要[G/OL]. 西安:陕西人民出版社,1985:25[2018-07-31]. http://ishare.iask.sina.com.cn/f/7195895.html.

[4] 傅刚,赵承,李佳路. 大风沙过后的思考[N/OL]. 北京青年报,2000-04-12(14)[2005-07-12]. http://www.bjyouth.com.cn/Bqb/20000412/GB/4216%5ED0412B1401.htm.

[5] 叶鹰. 图书情报学中定性和定量研究方法的科学哲学基础及双重整合原理探析[J/OL]. 中国图书馆学报,2017,43(2):4-12[2018-07-31]. http://www.jlis.cn/jtlsc/ch/reader/create_pdf.aspx? file_no=20170201&flag=1&journal_id=jtlsc&year_id=2017. DOI:10.13530/j.cnki.jlis.170007.

说明：发布日期用圆括号，检索日期用方括号，两者中间无分隔号。期刊（图书）页码与检索日期中间无分隔号。

三、其他注意事项

1. 责任方式

主要责任者不著录责任方式，如不著录“著”“编”等。其他责任者著录责任方式，如译者，在文献标识符后著录。

示例：

[1] Hey T, Tansley S, Tolle K. 第四范式：数据密集型科学发现[M]. 潘教峰，张晓林，等译. 北京：科学出版社，2012:1-5.

2. 多责任者的著录

三个及以下责任者，列全所有作者；三个以上责任者，列前三个，中文后用“,等”,英文用“,et al”。

3. 国外文献的著录

(1)责任者:姓全拼在前,名首字母在后。三人以上责任者的著录,列前三个,后加“,et al”。

示例:

[1] CICCARESE P,SOILAND-REYES S,BELHAJJAME K,et al. PAV ontology:provenance,authoring and versioning[J]. Journal of Biomedical Semantics,2013(4):1 - 22.

(2)题名:句首单词字母大写,其他单词除专有名词外,首字母均小写;冒号后单词首字母也小写。

4. 多次引用同一文献

期刊论文多次引用同一文献时,在正文中标注首次引用的文献序号,并在序号的“[ ]”外著录引文页码。文后参考文献不重复列出,也不使用“同××”。

示例:

……由于“思想”的内涵是“客观存在反映在人的意识中经过思维活动而产生的结果”[2]111,所以“编辑思想”的内涵就是编辑实践反映在编辑工作者的意识中,“经过思维活动而产生的结果”。……《中国青年》杂志创办人追求的高格调——理性的成熟与热点的凝聚[3],表明其读者群的文化品位的高层次……“方针”指“引导事业前进的方向和目标[2]222。

说明:[2]这篇文献被引用了2处,前一处的页码是111页,后一处是222页。

5. 非正式出版的内部资料的著录

非正式出版物,也按其文献类型,如普通图书、期刊、报纸、会议文集等格式著录。

附录2　图书馆学、情报学

魏志鹏

序号	期刊名称	主办单位	所在地	联系电话	网址	E-mail
1	大学图书馆学报	北京大学，教育部高等学校图书情报工作指导委员会	北京	(010) 62759056	http://www.scal.edu.cn/bjcb/dxtsgxb	jal@lib.pku.edu.cn
2	大学图书情报学刊	安徽省高等学校图书情报工作委员会	合肥	(0551) 65107944	http://dxtq.cbpt.cnki.net	tgw@ahu.edu.cn
3	高校图书馆工作	湖南省高等学校图书情报工作委员会	湘潭	(0731) 58298259	https://gxtsggz.cbpt.cnki.net/	gxtsggz1981@163.com
4	古籍整理研究学刊	东北师范大学文学院古籍整理研究所	长春	(0431) 85099771	http://gjzlyjxk.qikann.com/	gujs@nenu.edu.cn
5	国家图书馆学刊	国家图书馆	北京	(010) 88545737	http://gtxk.nlc.cn	gtxk@nlc.cn
6	河北科技图苑	河北省高等学校图书情报工作委员会	保定	(0312) 5012070	—	hbkjty@hbu.edu.cn
7	河南图书馆学刊	河南省图书馆学会，河南省图书馆	郑州	(0371) 67181468	—	hnlibj@163.net

期刊信息汇总表

投稿方式	主要栏目	发稿周期(天)	作者群体比例	期刊评价	影响因子
平台投稿	数字图书馆研究、自动化数字化网络化、用户研究与服务、文献资源建设、文献组织与利用	173	10/0/7	CSSCI、中文核心、RCCSE、人文核心、人大	2.140
平台投稿	理论研究、图书馆管理与事业建设、信息技术、文献信息资源建设、用户研究与服务	206	23/0/4	—	0.300
平台投稿	专题探讨、信息资源建设、现代信息技术、理论研究、专业教育	69	12/0/12	—	0.433
邮箱和邮政投稿	古籍研究、文献研究、版本与目录、典籍与文化、博士论坛	145	0/0/21	—	0.129
平台投稿	国家馆纵横谈、专家视点、信息组织、研究与实践、专题论坛	172	7/3/3	CSSCI、中文核心、RCCSE、人文核心、人大	1.529
邮箱投稿	图书馆事业、现代技术、图书馆建筑、研究与探索、工作研究	无出版日期	13/4/4	—	0.209
邮箱投稿	工作探索、理论研究、高校图书馆、公共图书馆、图书馆员	无出版日期	34/15/6	—	0.149

序号	期刊名称	主办单位	所在地	联系电话	网址	E-mail
8	晋图学刊	山西省高等学校图书情报工作委员会,山西省图书馆	太原	(0351)7011655	http://jtxk.lib.sxu.edu.cn/	jtxk@ sxu.edu.cn
9	竞争情报	上海科学技术文献出版社有限公司	上海	(021)64744746	http://www.ci1st.org/jwk/CN/volumn/home.shtml	ci_magazine@libnet.sh.cn
10	图书情报导刊(原《科技情报开发与经济》)	山西省科学技术情报研究所,山西省科学技术情报学会	太原	(0351)2029118,2029663	http://147. qikan.qwfbw.com/	tsqbdk @ 163.com
11	农业图书情报学刊	中国农业科学院农业信息研究所	北京	(010)82109667	http://nytsqb.caas.cn	xuekan@ caas.cn
12	情报工程	中国科学技术情报学会,中国科学技术信息研究所	北京	(010)58882458	http://tie. istic. ac.cn	qbgc@ istic.ac.cn
13	情报科学	中国科学技术情报学会,吉林大学	长春	(0431)85095200	http://www. qbkx.org	infosci@ jlu.edu.cn
14	情报理论与实践	中国国防科学技术信息学会,中国兵器工业集团第二一〇研究所	北京	(010)68961793,68963306	http://www.itapress.cn	itapress @ 163.com,ita@ onet.com.cn
15	情报探索	福建省科学技术情报学会,福建省科学技术信息研究所	福州	(0591)87883359	http://www.qbts.org	qbts@ qbts.org,qbts@fjinfo.org.cn

续表

投稿方式	主要栏目	发稿周期(天)	作者群体比例	期刊评价	影响因子
平台投稿	理论探讨、工作研究、新技术新方法、译文、动态	123	11/3/2	—	0.181
平台投稿	专辑、产业竞争情报、技术竞争情报、理论方法探讨、知识产权战略与专利分析	无收稿日期	0/0/8	—	—
邮箱投稿	图书馆工作研究、实践与创新、信息工作研究、高校园地、科技论坛	59	11/1/4	—	0.098
平台投稿	专家论坛、信息化与网络化建设、科学管理与服务、图书馆建设、信息教育	190	40/6/7	—	0.219
平台投稿	探索与研究、机构案例、特约专题、交流与简讯、主编寄语	无收稿日期	0/0/12	—	—
平台投稿	学术前沿、理论研究、应用研究、研究生园地、专题论文	169	2/1/23	CSSCI、中文核心、RCCSE、人文核心、人大	0.907
平台投稿	论坛、专题、理论与探索、实践研究、信息系统	191	8/0/19	CSSCI、中文核心、RCCSE、人文核心、人大	1.086
平台投稿	理论与探索、竞争情报、信息资源、信息化论坛、图书馆论坛	135	11/1/13	—	0.274

序号	期刊名称	主办单位	所在地	联系电话	网址	E-mail
16	情报学报	中国科学技术情报学会，中国科学技术信息研究所	北京	（010）68598273，68598285	http://qbxb.alljournals.net.cn	qbxb@ istic.ac.cn
17	情报杂志	陕西省科学技术信息研究所	西安	（029）85529749	http://www.qbzz.org	qbzz@ 263.net
18	情报资料工作	中国人民大学	北京	（010）62512296，62514977	http://qbzl.ruc.edu.cn	qingbaoziliao@263.net
19	山东图书馆学刊	山东省图书馆，山东省图书馆学会	济南	（0531）85590726	—	sdlibjk@ vip.163.com
20	数字图书馆论坛	中国科学技术信息研究所等	北京	（010）58882324	http://www.dlf.net.cn	DLF@ istic.ac.cn
21	四川图书馆学报	四川省图书馆学会	成都	（028）86641375	http://xb.sclib.org	sclibxb@ 126.com
22	图书馆	湖南图书馆，湖南省图书馆学会	长沙	（0731）84174148	http://www.library.hn.cn/gbkw/tsgzz	bianjb@ library.hn.cn
23	图书馆工作与研究	天津图书馆等	天津	（022）23620095	http://bjb.tjl.tj.cn	TSGG@ chinajournal.net.cn
24	图书馆建设	黑龙江省图书馆学会，黑龙江省图书馆	哈尔滨	（0451）85990515	http://www.tsgjs.org.cn/	tsgjsvip@ vip.sina.com

续表

投稿方式	主要栏目	发稿周期(天)	作者群体比例	期刊评价	影响因子
平台投稿	情报理论与应用、情报分析方法与技术、情报用户与行为研究、研究进展与文献综述、专题	286	0/0/11	CSSCI、中文核心、RCCSE、人文核心、人大	1.230
平台投稿	情报研究、评价研究、竞争情报、知识管理、信息资源	144	0/0/34	CSSCI、中文核心、RCCSE、人文核心、人大	1.242
邮箱投稿	专题研究、理论探索、信息服务、实践研究、信息资源	191	4/0/12	CSSCI、中文核心、RCCSE、人文核心、人大	1.688
邮箱投稿	学术论坛、读者工作、册府说苑、工作方法研究、专题研究	无收稿日期	11/7/9	—	0.243
邮箱和平台投稿	本期话题、特别关注、资源建设、技术与应用、开放存取	66	0/1/11	—	0.257
邮箱投稿	理论与事业研究、事业研究、读者服务、院校图书馆、资源建设	无出版日期	15/10/0	—	0.364
平台投稿	学术论坛、专题研究、阅读推广、公共文化服务研究、书林清话	无收稿日期	3/4/13	CSSCI、中文核心、RCCSE、人文核心、人大	0.901
平台投稿	理论研究、图书馆事业、图书馆工作、文献资源建设、高校图书馆	无收稿日期	20/2/3	中文核心、人文核心	0.775
平台投稿	学术论坛、信息资源建设、服务研究、技术导航、创客服务	115	9/2/5	CSSCI、中文核心、RCCSE、人文核心	0.994

序号	期刊名称	主办单位	所在地	联系电话	网址	E-mail
25	图书馆界	广西图书馆学会,广西图书馆	南宁	(0771)5868138	http://202.103.233.140:8006	tsgjbjb@163.com
26	图书馆理论与实践	宁夏回族自治区图书馆学会,宁夏图书馆	银川	(0951)5085019,5085017	http://www.libedit.cn/ch/index.aspx	itp@libedit.cn
27	图书馆论坛	广东省立中山图书馆	广州	(020)83360705	http://tsglt.zslib.com.cn	tsglt@vip.163.com
28	图书馆学刊	辽宁省图书馆学会,辽宁省图书馆	沈阳	(024)24822482	http://www.tsgxk.net	tsgxk@lnlib.com
29	图书馆学研究	吉林省图书馆	长春	(0431)89270030,89270031	http://www.jlplib.com.cn/tsgxyj	tsgxyj@163.com
30	图书馆研究(原《江西图书馆学刊》)	江西省图书馆学会,江西省图书馆	南昌	(0791)88527535	http://tsgyj.jxlib.gov.cn	tsgyj@vip.163.com
31	图书馆研究与工作	浙江省图书馆学会,浙江图书馆	杭州	(0571)87988086	http://bjb.zjlib.cn	lsrw@zjlib.cn
32	图书馆杂志	上海市图书馆学会,上海图书馆	上海	(021)54051586,54039581,54051585	http://www.libraryjournal.com.cn	tsgzz@libnet.sh.cn

续表

投稿方式	主要栏目	发稿周期(天)	作者群体比例	期刊评价	影响因子
邮箱投稿	科研项目、综述论坛、工作研讨、古籍研究、理论探索	无出版日期	16/4/1	—	0.268
平台投稿	学术探讨 · 工作研究、综合评述、信息管理与信息学、三大类型图书馆事业、数字图书馆技术平台	252	11/2/10	中文核心	0.449
平台投稿	数字技术、理论研究、他山之石、阅读推广、工作探索	131	4/3/10	CSSCI、中文核心、RCCSE、人文核心、人大	1.350
平台投稿	案例赏析、理论园地、管理纵横、信息组织、服务经纬、数字网络	83	17/9/5	—	0.394
邮箱投稿	基础理论研究,数字化、网络化,图书馆管理,信息资源建设,信息服务	无收稿日期	9/2/8	CSSCI、RCCSE、人文核心、人大	1.014
平台投稿	学术探讨 、文献采编、资源建设、事业建设、期刊管理	90	10/10/3	—	0.483
平台投稿	探索与创新、学术论坛、阅读推广、工作研究、文献考论	91	6/11/2	—	—
平台投稿	图书馆、公共图书馆、高校图书馆、数字图书馆、阅读推广	688	4/3/11	CSSCI、中文核心、RCCSE、人文核心、人大	1.087

序号	期刊名称	主办单位	所在地	联系电话	网址	E-mail
33	图书情报工作	中国科学院文献情报中心	北京	(010) 82623933, 82626611-6614	http://www.lis.ac.cn	tsqbgz@ vip.163.com
34	图书情报知识	武汉大学	武汉	(027) 68754437	http://manu03.magtech.com.cn:81/Jweb_tsqb/CN/volumn/current.shtml	tqy12@ whu.edu.cn
35	图书与情报	甘肃省图书馆,甘肃省科技情报研究所	兰州	(0931) 8270072	http://www.tsyqb.com/	tsyqb@ 126.com
36	现代情报	中国科学技术情报学会,吉林省科学技术信息研究所	长春	(0431) 85647990	http://www.xdqb.net	xdqb257@ vip.163.com
37	数据分析与知识发现(原《现代图书情报技术》)	中国科学院文献情报中心	北京	(010) 82626611-6626, 82624938	http://www.infotech.ac.cn	jishu@ mail.las.ac.cn
38	新世纪图书馆	江苏省图书馆学会,南京图书馆	南京	(025) 84356047, 84356287	http://newcentury.jslib.org.cn/xsjtsg/index.html	jstsgxb@ 163.net

续表

投稿方式	主要栏目	发稿周期(天)	作者群体比例	期刊评价	影响因子
平台投稿	专稿、专家视点、图书馆学理论研究、信息技术、图书馆工作研究	117	2/0/14	CSSCI、中文核心、RCCSE、人文核心、人大	1.712
平台投稿	图书文献交流、情报信息与共享、知识学习与管理、博士论坛、专业教育	82	3/0/12	CSSCI、中文核心、RCCSE、人文核心、人大	1.370
平台投稿	专题、特别策划、前沿与热点、图书馆与图书馆事业、信息分析与科学评价	64	3/0/18	CSSCI、中文核心、RCCSE、人文核心、人大	1.429
平台投稿	理论探索、应用研究、业务研究、管理论坛、方法研究	103	5/0/27	CSSCI、中文核心、RCCSE	0.710
平台投稿	数学图书馆、知识组织与知识管理、情报分析与研究、应用实践、特邀专栏、动态	165	0/0/10	CSSCI、RCCSE、人文核心、人大	1.263
平台投稿	理论探索、技术方法、事业发展、海外图林、综述评介	224	8/4/8	—	0.492

序号	期刊名称	主办单位	所在地	联系电话	网址	E-mail
39	知识管理论坛	中国科学院文献情报中心	北京	(010)82623933,82626611-6638	http://www.kmf.ac.cn	kmf@mail.las.ac.cn
40	中国图书馆学报	国家图书馆,中国图书馆学会	北京	(010)88545234	http://www.jlis.cn/jtlsc/ch/index.aspx	jlis.cn@nlc.cn
41	中华医学图书情报杂志	解放军医学图书馆	北京	(010)66932445,66932434,66932462	http://cjml.ijournals.cn/ch/index.aspx	cjml@mlpla.org.cn
42	中医文献杂志	上海市中医文献馆,中华中医药学会	上海	(021)54669083	http://zywxzz.zywxg.com/	shtcmliter@163.com

备注:(1)期刊名目以《中文核心期刊要目总览》(2014年版)公布的“G25图书馆事业、信息事业类专业期刊”目录中的正式出版物为主,国内出版的英文刊、内刊不在本统计之列。

(2)主要栏目按2016年全年至2017年上半年出现的频次从高到低选取前5。

(3)发稿周期、作者群体比例均以每一期刊的2017年第1期为统计样本。作者群体比例是指高校馆、公共馆、其他方面作者的比例。

(4)发文数量统计不包括简讯、指南、编者按、期刊索引、会议通知等非学术文章。

(5)期刊评价指该期刊被何种核心期刊体系收录。CSSCI,指“中文社会科学引文索引”(CSSCI)(2017—2018年版);中文核心,指《中文核心期刊要目总览》(2014年版);RCCSE,指《中国学术期刊评价研究报告》(RCCSE)(2017—2018年版);人文核心,指《中国人文社会科学核心期刊要览》(2013年版);人大,指中国人民大学《复印报刊资料重要转载来源期刊》(2017年版)。

(6)影响因子以《中国学术期刊影响因子年报(人文社会科学)》(2016年版)为数据来源。

(7)“—”表示未查到数据或未被收录。

续表

投稿方式	主要栏目	发稿周期(天)	作者群体比例	期刊评价	影响因子
平台投稿	图书馆、知识管理、高校图书馆、文献计量、竞争情报	134	1/0/7	—	—
平台投稿	研究论文、综述评介、探索交流、专题研究、创刊六十周年特约稿	101	0/0/7	CSSCI、中文核心、RCCSE、人文核心、人大	3.862
平台投稿	专论、特稿、研究与探讨、事业发展、信息管理与利用	94	6/0/10	—	0.959
平台投稿	文献研究、学术探讨、名医遗著、文献综述、医药学史	无收稿日期	0/0/22	—	—